现代职业教育理论分析与创新探索

李吉昌　傅巧真　王　静◎著

时代文艺出版社

图书在版编目（CIP）数据

现代职业教育理论分析与创新探索 / 李吉昌, 傅巧真, 王静著. -- 长春：时代文艺出版社, 2023.11
ISBN 978-7-5387-7318-7

Ⅰ.①现… Ⅱ.①李… ②傅… ③王… Ⅲ.①职业教育－研究－中国 Ⅳ.①G719.2

中国国家版本馆CIP数据核字(2023)第222567号

现代职业教育理论分析与创新探索
XIANDAI ZHIYE JIAOYU LILUN FENXI YU CHUANGXIN TANSUO
李吉昌　傅巧真　王静　著

出 品 人：吴　刚
责任编辑：张洪双
装帧设计：文　树
排版制作：隋淑凤

出版发行：时代文艺出版社
地　　址：长春市福祉大路5788号　龙腾国际大厦A座15层　（130118）
电　　话：0431-81629751（总编办）　0431-81629758（发行部）
官方微博：weibo.com/tlapress
开　　本：710mm×1000mm　1/16
字　　数：201千字
印　　张：13.5
印　　刷：廊坊市广阳区九洲印刷厂
版　　次：2023年11月第1版
印　　次：2023年11月第1次印刷
定　　价：76.00元

图书如有印装错误　请寄回印厂调换

前　言

大力发展职业教育是党和国家的战略发展目标。随着国际竞争的日益加剧、科学技术的快速发展、现代产业体系的建立和完善，以及人力资源结构的合理调整，原有的职业教育理论和实践需要不断更新、发展、完善和创新。

本书首先介绍了现代职业教育的基本理论，并分析了现代职业教育课程改革，之后探讨了职业教育的体系和模式、职业教育实践教学管理模式以及现代职业教育的师资队伍建设，期望通过本研究为未来的有关研究提供相应的参考。

由于编者的学识有限，所见不深，书中难免存在一些不尽完善之处，敬请读者不吝赐教。

目 录

第一章　职业教育理论

第一节　职业教育的性质 …………………………………………… 002

第二节　职业教育的主要规律 ……………………………………… 004

第三节　职业教育的规律体系 ……………………………………… 009

第四节　职业教育的发展机制和发展动力 ………………………… 012

第五节　职业教育的培养目标 ……………………………………… 021

第二章　现代职业教育的课程改革

第一节　现代职业教育课程概述 …………………………………… 031

第二节　现代职业教育课程的理念 ………………………………… 038

第三节　现代职业教育课程的开发 ………………………………… 044

第四节　现代职业教育课程改革与发展 …………………………… 051

第三章　职业教育的体系和模式

第一节　职业教育体系 ……………………………………………… 058

第二节　职业教育模式 ……………………………………………… 060

第三节　影响职业教育体系和模式的主要因素 …………………… 065
第四节　现代职业教育体系和模式构建与创新 …………………… 067

第四章　职业教育实践教学管理模式

第一节　国外四大职业教育模式 …………………………………… 077
第二节　我国现代职业教育体系框架的建立 ……………………… 095
第三节　当前高职教育实践教学存在的问题 ……………………… 098
第四节　高等职业院校育人管理模式 ……………………………… 104

第五章　现代职业教育的师资队伍建设

第一节　职业教育的师资概述 ……………………………………… 110
第二节　职业教育教师的素质结构 ………………………………… 113
第三节　职业教育教师的专业化发展 ……………………………… 120

第六章　现代职业教育的发展趋势

第一节　现代职业教育的发展背景 ………………………………… 128
第二节　现代职业教育学科的发展趋势 …………………………… 133

第七章　"双师型"师资队伍建设

第一节　"双师型"教师的内涵 …………………………………… 137
第二节　高校对"双师型"教师培养方式 ………………………… 148
第三节　高职院校"双师型"师资队伍建设现状 ………………… 152
第四节　"双师型"师资队伍培养途径和模式 …………………… 155

第八章　职业教育模式创新

第一节　职业教育管理创新模式 …………………………………… 167
第二节　高等职业教育管理模式的创新 …………………………… 170
第三节　教育信息化2.0背景下职业教育模式创新 ……………… 174

第四节 "互联网+"背景下职业教育模式创新 …………… 179
第五节 智能化创造与高等职业教育模式创新 …………… 187
第六节 "双高计划"推进职业教育发展模式创新 ………… 195

参考文献 ………………………………………………… 205

第一章　职业教育理论

　　基本问题是事物本原性和主导性的问题，对事物基本问题的认识是人们经过不懈的实践和思考后凝练成的关于事物全面的、深入的、根本性的认识，它既是人们思考和实践的成果，又是人们再实践再认识的理性依据。职业教育的基本问题应该包括职业教育是什么以及它是怎样存在和发展的、怎样正确地认识职业教育、怎样正确地推动职业教育的发展这三大方面的问题。具体来说，职业教育的基本问题至少应该包括职业教育的性质和规律问题、发展机制和发展动力问题、体系和模式问题、现状和趋势问题、教育教学问题、政策法规问题、体制和管理问题、国际和区域比较问题、职业教育学科建设和发展问题、历史经验问题、职业教育哲学问题等。职业教育是一项复杂的社会实践，是一个普遍联系的整体和过程，上述各个基本问题实际上是从不同侧面认识和揭示职业教育这一整体和连续的过程。

　　职业教育具有自身特定的、丰富的性质，它的发展具有不以人的意志为转移的客观规律性，只有科学地认识职业教育固有的本质和性质，并在此基础上科学地认识和掌握职业教育发展的诸多规律，才能正确而有效地展开并最终完成对职业教育基本问题深入而系统的认识。对职业教育本质、性质和规律性的研究是系统、深入地展开职业教育基本问题研究过程的逻辑起点和前端。

第一节 职业教育的性质

一般认为，事物的性质是指事物的本质和特征，事物的本质是"体"，特征是由"体"生成的"性"。笔者认为，如果将事物的价值也就是事物的"用"考虑在内，即从事物的本质、特征、价值三者的结合上来考察事物的性质，将更加有益于对事物性质的理解。

一、职业教育的本质

《教育学大辞典》（修订合编本）认为，职业教育是"传授某种职业或生产劳动知识和技能的教育"。《辞海》（1999年版）认为，职业教育是"给予学生或在职人员从事某种生产、工作所需的知识、技能和态度的教育"。周济院士认为，职业教育就是就业教育。欧阳河教授把职业教育定义为：是为想成为技术应用型、技能型人才的人提供的一种教育服务。综合各种对职业教育定义的阐述并结合对职业教育现实的考察，笔者认为，技术应用型、技能型职业人才培养是职业教育最核心、最稳定、最突出的性质，是职业教育区别于其他事物的根本依据，因而是职业教育的本质所在。

这一对职业教育本质的概括有两层含义：第一是说职业教育的核心是培养技术应用型、技能型人才，这是对职业教育教育教学过程的基本定位。第二是指培养的是职业人才。这里又包含两个要点：一是指培养的是社会各个行业特定的职业人才，二是指这类教育的一个重要目的是满足受教育者的就业需要，这两点是对职业教育在社会和个体发展中的基本定位。上述从教育教学过程的固有属性和在社会与个体发展过程中的固有属性两个层面的结合上来揭示职业教育的本质是比较完整和准确的，因而是比较科学的。

二、职业教育的特征

本质是事物内在的规定性，特征是由本质决定的事物外在的规定性，职业教育的基本特征至少有以下四个方面。

（1）教育性特征：职业教育是教育的一个类型，教育是属，职业教育是种。教育的一些规律、原理、方法等也基本上适用于职业教育，同时职业教育的发展也会促进整个教育体系的完善和发展。

（2）社会性特征：职业教育是社会大系统的一个部分，它与社会有着密不可分的联系。经济社会的发展决定了职业教育的存在和发展，同时作为现代社会一个支柱行业的职业教育又反作用于社会，影响和制约经济社会的发展。此外，职业教育的发展离不开政府、行业、企业、民间等社会方方面面的共同努力。

（3）职业性特征：职业教育培养的是掌握社会生产、服务一线职业岗位必备的知识和技能的应用型、技能型人才，相应的培养内容则是职业针对性强的知识和技能。

（4）实践性特征：职业教育在教学方法上强调"学做合一""手脑并用"，在教育教学方式上强调"产学结合"，在课程设置上强调实训实习，等等。

三、职业教育的价值

职业教育的价值是其本质和特征的具体的社会意义，至少包括以下四个方面。

（1）教育价值：普通教育依据理论知识的掌握和逻辑思维能力来培养和选拔人才，职业教育则依据实践动手能力来培养和选拔人才，在一个健全的教育体系里这两者是缺一不可的。

（2）社会价值：职业教育将人由潜在的劳动力转变为具有一定技术技能的现实劳动力，它是促进经济社会发展、促进就业、消除贫困、促进社会和谐稳定的重要积极因素。

（3）对人的价值：职业教育在普通教育之外开辟了一条成才之路，有利于人们根据自身特点充分实现人生价值，并能促进就业和改善生活质量。

（4）社会文化价值：职业教育可以提高劳动者社会地位，彰显劳动的价值，有利于克服传统观念中"重道轻器"和"劳心者治人，劳力者治于人"等消极思想。

上述将职业教育的性质概括为职业教育的本质、特征和价值三个层面和多种要素构成的有机整体，在这个整体中不同层面和不同要素之间相互关联、相互作用，决定了现实中职业教育性质的具体体现。如职业教育的本质决定了职业教育的实践性特征，而实践性特征发挥得充分又会反过来强化技术应用型、技能型职业人才培养这一职业教育的本质。事物的性质是事物规律性的依据，正确地认识职业教育的性质是探索职业教育规律的前提。

第二节 职业教育的主要规律

马克思主义认为人类社会是自然历史过程，存在不以人的意志为转移的客观规律性，作为人类社会一项复杂社会实践的职业教育当然不能例外，认识和掌握职业教育的规律性无疑具有至关重要的理论和实践意义。笔者认为，职业教育的规律性主要体现在三个层面：第一，在社会发展层面上，职业教育与经济社会发展关系中体现出的规律性；第二，在教育事业发展层面上，职业教育与普通教育关系中体现出的规律性；第三，在职业教育自身发展层面上，职业教育特有的教育教学的规律性。

一、职业教育与经济社会发展辩证关系的规律

经济发展的需要、人们受教育和就业的需要决定了职业教育的存在与发展，社会的科技、政治、文化等因素也不同程度地影响着职业教育；同时职业教育也反作用于社会，它可以促进或阻碍社会的发展。经济社会与职业教育这种决定与被决定、作用与反作用的辩证关系贯穿于职业教育发展过程的始终，决定和影响着职业教育的其他关系和过程，因而是职业教育发展的基本规律。

我国已故职业教育先驱黄炎培先生半个多世纪前曾经深刻地阐述道：职业教育有最紧要的一点，就如人的灵魂，得之则生，弗得则死，就其本质来说，就是社会性。这里的"社会性"就是指职业教育与经济社会发展的辩证关系，中外职业教育的发展历程深刻地证明了这一点。

首先，在这一辩证关系中经济社会的发展决定和影响着职业教育的产生、发展规模、结构、发展水平、体系、模式以及发展趋势，这是这一关系中主导的方面。

其次，在职业教育与经济社会发展的辩证关系中，职业教育并不仅仅处于被决定、被影响的地位，它对经济和社会发展有着不容低估的反作用，正是在这当中职业教育体现了自己的社会历史价值。

我们要深刻理解职业教育与经济社会发展的辩证关系，采取各种有力

措施促进矛盾双方建设性地向各自对立的方面转化，形成双赢的局面。遵循职业教育的基本规律至少要求我们确立以下几个基本原则。

（1）在社会发展的层面上，各级政府要切实担负起发展职业教育的职责，统筹经济社会与职业教育的发展，充分利用政策、法规、财政税收等行政、法律、经济手段建立和完善职业教育体系，推动职业教育健康发展。

（2）在教育事业发展层面上，各级教育行政管理部门应充分认识发展职业教育的重大意义，切实解决普通教育和职业教育发展不协调现象，把发展职业教育作为重大战略任务。

（3）在职业教育自身发展层面上，职教工作者要深刻理解职业教育的社会性这个"灵魂"，自觉将自己的工作融入经济社会发展大潮中，按照职业教育基本规律办学，坚持以服务经济社会为宗旨，以促进就业为导向，在实现中华民族伟大复兴的历史进程中体现自己的价值。

二、职业教育与普通教育辩证关系的规律

普通教育主要指普通中小学教育和普通高等教育。职业教育与普通教育的关系中既有共生共赢、相互促进的一面，又有相生相克、相互对立的一面，这一辩证关系贯穿职业教育发展过程的始终，必须实事求是地处理好这个关系，这是职业教育发展的一个重要规律。

首先，在这一辩证关系中二者是共生共赢、相互促进的。第一，这两者共同承担为社会培养和选拔人才的重任。普通教育根据知识的掌握和逻辑思维能力对人才进行遴选和培养，职业教育则根据应用技术、技能的掌握对人才进行第二次遴选和培养，在健全的社会教育体系里这两次遴选和培养都是不可或缺的。第二，我国现代职业教育基本上是从普通教育脱胎而来的，教育教学原理、方法、技术、人员和场地等大多是从普通教育借

鉴和转化来的，职业教育的发展也离不开普通教育的发展做支撑。第三，职业教育不仅传授专业知识和技能，还要传授基础和通识知识，只有这两类知识的传授形成恰当的组合才能培养出较高素质的职业技术人才。

其次，职业教育与普通教育又有相生相克、相互对立的一面。第一，在一定时期国家可用于教育事业的投入是一定的，在安排这两类教育的发展上就有可能出现两相矛盾的局面，在经济发展水平不高的时期尤其如此。第二，就职业教育的教育教学而言，学校的教育学时是一定的，如果处理不当，会出现两类知识传授顾此失彼的矛盾，影响职业教育质量。

我们要科学地认识职业教育与普通教育的辩证关系，采取有效措施充分彰显二者相互促进的一面，克服和化解相互矛盾的一面，促进职业教育健康发展，为此至少要坚持以下几个原则。

（1）各级政府和教育行政管理部门要根据客观要求安排好这两类教育事业发展的关系，使其相互促进、和谐发展，目前要采取强有力的措施解决普通教育与职业教育一手硬一手软的局面。

（2）职业教育应善于不断吸收和借鉴普通教育的实践和理论成果，增进交流，相互促进，在这当中使自己不断充实和壮大。

（3）职业教育的教学工作应本着实事求是的原则，统筹兼顾专业知识和技能与基础和通识知识传授的比例关系，培养具有较高综合素质的职业技术人才。

三、职业教育的教育教学规律

职业教育的性质决定了其教育教学过程特有的规律性，职业教育特有的教育教学规律至少有以下 7 条。

（1）职业教育培养目标的规律。职业教育的性质决定了职业教育培养目标的核心是培养技术应用型、技能型职业人才，无论时代如何变化，这一培养目标的核心是不会变的，它贯穿于职业教育工作的始终，制约着职业教育教育教学的其他规律，因而是职业教育教育教学工作的核心规律。

（2）职业教育培养途径的规律。职业教育的培养目标决定了它不同于普通教育的培养途径。职业教育必须突破普通教育的教学模式，合理安排理论教学与实践教学的关系，强化实训、实习功能，并与企业、行业等紧密结合，走产学结合的道路，这是职业教育培养途径特有的重要规律。

（3）职业教育专业建设的规律。职业教育的培养目标决定了其专业建设特有的规律性。普通中等教育以知识为本，不设专业。普通高等教育以学科为本，根据学科分类和社会需要设置专业。职业教育则以职业为本，按照职业分工和岗位需求设置专业，强调职业能力培养。可见，坚持以职业为本原则，依经济社会发展的需要，不断调整和创新专业设置，适时、适类、适量地为社会培养职业人才，是职业教育专业建设的重要规律。

（4）职业教育课程建设的规律。课程是实现教学目标的基本手段，职业教育的培养目标决定了其课程建设特有的规律性。普通教育课程建设坚持知识导向和人格导向的原则，职业教育的课程建设则必须坚持以职业能力导向为核心，正确处理职业能力导向、知识导向和人格导向三者的关系，以科学高效的课程体系来保障职业教育培养目标的实现，这是职业教育课程建设的重要规律。

（5）职业教育的教学规律。职业教育的培养目标决定了其教学过程特有的规律性，即在实践行动过程中教与学。在教学中，学生是学习过程的中心，教师是组织者，教师与学生互动，使学生通过自主地获取信息、自主地制订计划、自主地实施计划、自主地评估实施的效果，在自己的实践行动过程中掌握职业技能和专业知识，构建起属于自己的经验、知识和技能体系。职业教育行动导向的教学要求教学过程尽可能与职业的工作过程具有一致性，为此，职业教育的教学方法应由归纳、演绎、分析、综合等传统方法向案例教学、项目教学、仿真教学、角色教学等转换。

（6）职业教育师资队伍建设的规律。职业教育的培养目标决定了其师资队伍建设特有的规律性，即"双师型"师资队伍建设。"双师型"教师指具备教师资格，同时又具备专业技术或专业技能资格系列之一，或在相关领域一线工作足够时间、具备足够相关知识与经验，或主持、主要参与过相关工程技术设计、实施的人员。师资队伍是教育教学的关键性因素，"双师型"师资队伍建设一般采取引进、聘请和现有师资培养相结合的方式。

（7）职业学校管理的规律。职业教育的培养目标及其教育教学过程的特殊性决定了职业学校管理特有的规律性。一方面，职业教育的教育教学过程是一个在理论课堂、实训课堂和实习基地之间有序地进行时空转换的过程，这就要求学校的教学、学生、教师等管理以至后勤管理等与之相适应。另一方面，职业学校的人员管理既包括对校内职工的管理，也包括对大量校外专家和外聘技术技能人员的管理，增加了管理的复杂性。因此，职业学校必须建立起适合自己特点的管理体制和机制。

第三节 职业教育的规律体系

职业教育的诸多规律不是孤立地存在和发挥作用的，它们相互联系、相互作用形成了职业教育的规律体系，正是这个规律体系影响并决定着职业教育的现实状况和发展趋势。因此我们不仅要正确地认识和掌握职业教育的规律，而且要在此基础上科学地认识和掌握职业教育的规律体系，才能更好地指导我们的实践。

一、职业教育规律的整体观

首先,职业教育三个层面的规律本身都是自成体系的。

在职业教育与经济社会发展的辩证关系中,有经济、科技、教育和就业需求、政治、文化五个重要因素与职业教育发生联系,细分的话,在职业教育与经济社会发展辩证关系的规律下可以列出五个以上子规律。职业教育与经济社会发展的各种联系最终是通过"职业"这个范畴体现出来的,"职业"在这一关系体系中处在焦点的位置。

在职业教育与普通教育的辩证关系中,按学校类型可以分为职业教育与基础教育的关系,职业教育与普通高等教育的关系,中等职业教育与高等职业教育的关系等。还可以从教育教学的原理、方法、教育体系等方面观察职业教育与普通教育的关系。职业教育与普通教育的关系是以"教育"这一范畴作为基础和联结点的。

职业教育的教育教学诸规律也是相互关联的有机整体。技术应用型、技能型职业人才的培养目标决定了培养方式、专业建设、课程建设等教育教学诸环节的特殊规律,而这些具体的教育教学环节又保障了培养目标规律的实现,在这个系统中,技术应用型、技能型职业人才培养目标是核心,也是焦点。

其次,职业教育三个层面的规律相互联系和作用,依一定的机制形成了职业教育的规律体系。

第一,社会发展对职业人才的需求决定了职业教育产生的必要性和发展的规模、结构、水平、速度等状况;第二,在社会教育母体中孕育出了职业教育,并滋养着它的壮大发展;第三,职业教育以社会发展的要求为依据确定自己的培养目标,并以此为核心确定培养方式、专业建设、课程建设、教学建设和师资建设等，最终为社会培养出合格的职业人才。不难看出，在这一逻辑过程中，"职业""教育""技术应用型、技能型人才"这三者是核心概念，是职业教育规律体系之网的"网上纽结"。

职业教育及其规律的整体观还告诉我们，职教工作者应具备宽广的视野，善于了解和借鉴其他行业、其他地区乃至其他国家职业教育的理论与实践成果，加强交流互动，相互促进发展。

二、职业教育规律的运动观

运动和发展是事物的本质属性，职业教育规律的内涵是不断地变化和发展着的，职业教育规律体系是动态的平衡。职业教育体系总的运动过程我们可以得到三点启示：第一，职业教育及其规律体系总的运动过程实际上就是职业教育基本规律的实现过程；第二，上述总的运动过程里包含了职业教育的教育教学过程和职业教育与普通教育辩证关系的过程这两个子过程；第三，职业教育总的运动过程的质量取决于各子过程的运动质量，而子过程的运动质量又要符合总过程的性质要求。

三、职业教育规律的平衡观

规律即关系，本质的关系。职业教育的规律体系实际上就是一个关系体系，只有努力地使各种关系保持在相互适应的状态，职教事业才能健康地发展，其属性才能充分彰显，这就是职业教育规律的平衡观。

如前所述，职业教育规律体系是由三个层面的规律构成的，职业教育工作一是要处理好每个层面上的各种关系，二是要处理好三个层面规律之间的关系。要指出的是，职业教育三个层面的关系之间、每个层面上各种关系之间以及每种关系不同方面之间的重要性并不是等价的。在职业教育与经济社会发展的辩证关系中，经济社会发展是矛盾的主要方面，是核心，职业教育的发展必须适合于经济社会的发展。在职业教育与普通教育的辩证关系中，从职业教育的视角看自身是矛盾的主要方面，处理好这一关系应着眼于职业教育的发展。在职业教育的教育教学诸规律中，培养目标的规律是核心，其他如培养方式和专业建设、课程建设、教学建设、师资建设等都围绕这一核心开展。在职业教育三个层面的规律之间，职业教育与经济社会发展辩证关系的规律是主导，是核心，是基本规律，其他两个层面的规律都围绕它起作用，是为了实现基本规律而存在的。

还要指出的是，处理职业教育的各种关系，不是消极地平衡，而应是积极地适应，要采取适度积极的态度。比如我国一些较发达的地区注重了解和研究发达国家和地区职业教育的特征和发展动向，并以此为重要依据设计自己的发展。因为这些国家和地区目前职业教育的状况有可能会在数年后在我国较发达的地区重演。当然这种"积极"应是适度的，不是盲目的积极，目的是"适应"。我国20世纪80年代一些地区不顾经济社会发展的实际需求盲目扩大中等职业教育而造成的资源浪费就说明了这一点。

第四节 职业教育的发展机制和发展动力

机制原指机器的构造和动作原理，生物学和医学在研究一种生物的功能时，常借指其内在的工作方式，包括有关生物结构组成部分的相互关系，及其间发生的各种变化过程的物理、化学性质和相互关系（参见《辞海》1999年版缩印本第746页）。后来，机制一词被广泛运用，指事物各组成部分之间相互联系、相互作用的有序化状态及其原理，是事物存在和发展的重要依据。在当今社会问题研究和社会实践中对各种机制问题日趋关注，这是社会认识和社会实践不断深化的必然反映。动力来源于机制，对事物发展动力的研究实际上是对机制问题研究的自然展开和延续。

一、关于职业教育的发展机制

职业教育的发展机制是一个系统，是一个运动过程，是一些需要用科学的观点和方法去处理的重要关系。

（一）职业教育发展机制是一个系统

职业教育发展总的机制由需求机制、供给机制、服务保障机制和社会调节机制这四个基本机制组成，而这四个基本机制相互关联、相互作用构成了更加复杂的现实中的职业教育的发展机制。

1. 职业教育的需求机制

需求机制是职业教育发展总的机制的逻辑起点，没有对职业教育的需求就没有职业教育及其发展机制可言，职业教育的需求普遍地存在于当今社会各个领域之中，这背后的机制是社会不断发展后横向的社会分工和纵向的岗位分层。横向社会分工产生日益众多的各行各业及其实体，纵向的岗位分层产生各行各业不同层次的工作岗位，而对职业教育的需求就是为满足由于社会分工和岗位分层造成的对某一类特定人才的需求，即对技术应用型、技能型职业人才的需求。从社会个体层面讲，大众中相当一部分人为满足自身的成长和就业，也成为职业教育的需求主体。当经济社会发展需求与社会个体成长及就业需求相契合时，现实的具体的职业教育的社会需求便出现了。

2. 职业教育的供给机制

职业教育的供给机制主要存在于职业教育培养体系中，是各类职业教育学校和培训机构教育教学活动运行机制的综合呈现，职业教育的教育教学过程机制主要由培养目标、培养方式、课程设计、教材、教学方式与方法、教学评价、就业工作等各个方面以及各个方面间的内在关系构成。在职业教育的教育教学机制中，职业教育的培养目标居于核心地位，教育教学过程的这一培养目标就是培养社会需要的技术应用型、技能型职业人才，各个方面必须与它保持一种紧密契合的关系，职业教育的教育教学过程才能正确地进行，它的供给机制才能充分合理地体现。

3. 职业教育的社会调节机制

社会调节机制是政府、市场对职业教育的需求和供给关系进行不断调整的内在关系，目的是实现资源的优化配置，实现需求与供给的统一，促进职业教育健康发展。职业教育的社会调节机制分为行政调节与市场调节，这两种调节方式并不是各自独立存在和发生作用的，行政调节主要参照职业教育需求市场的现状和发展趋势，而市场调节的局限也主要依靠行政调节来弥补，二者是一个相互补充、相互融合形成合力的关系。我国是一个市场经济尚存在不完善和城乡二元经济特征明显的人口大国，现阶段在宏观上宜采取行政调节为主导、充分尊重市场的职业教育社会调节机制。

4. 职业教育的服务保障机制

服务保障机制是为职业教育的需求、供给和社会调节提供服务和保障性的工作机制，主要包括：

（1）信息沟通机制。它的主要作用是沟通职业教育的需求、供给、调节和服务保障这四个基本机制，从而使职业教育更有效地形成一个整体，形成现实有效的职业教育供需市场，并使之和谐健康地发展。

（2）科研学术机制。职业教育的发展离不开职业教育科学研究繁荣与发展，它直接促进职业教育的四个基本机制，并使职业教育获得可持续发展的不竭动力。

（3）师资培训机制。师资是教育过程的工作母机，也是影响职业教育质量的一个关键。师资质量的提高一是通过校本培训，二是建立健全社会培训机制，形成两种培训相结合的师资培训机制。

（4）职业教育评价机制。评价机制对职业教育的教育教学过程和成果做出科学的判断和评定，以此鞭策、鼓励或纠正、规范职业教育机构的教育教学行为，保持职业教育正常、有效地运行。在我国，职业教育的评价一般采取由政府主导、评价中介机构主要参与的形式，今后应吸收行业、企业、家长等社会因素参加，保证评价的广泛性和科学性。

除上述四个主要服务保障机制外，还应包括诸如职业技能考核与评定、传播与宣传、激励与奖励、贫困助学等。

5. 现实的职业教育发展机制是上述四个基本机制的统一

职业教育的需求机制与供给机制相联系，形成了现实的职业教育供需市场；服务保障机制主要作用于供给机制，在信息、科研、师资提高、教育教学评价、宣传传播与奖励资助等方面促进供给机制的完善与提高（当然不排除对需求机制和调节机制的积极作用）；调节机制作用于其他三个基本机制，最终使职业教育现实的供需市场在数量、结构和质量上达到比较理想的状态，以满足经济社会发展和个体成长发展的需要。在上述职业教育发展机制系统里，四个基本机制是基础，缺一不可；供给机制（即培养机制）是重心、是主体；社会调节机制是主导、是掌控，在我国当前的国情下尤其如此。

（二）职业教育发展机制是一个过程

时间是事物存在的基本形式之一，前面对职业教育发展机制的研究基本上属于静态分析，下面我们将它作为一个动态的过程加以考察。

1. 发展中的职业教育需求和供给机制

从历史上看职业教育的需求机制大致经过了传统手工业阶段和机器大工业阶段，目前已经进入日益繁荣的知识经济阶段。知识经济的特征是大量的科技成果运用于经济社会发展的各个领域，传统产业科技含量得到提升，大量新兴产业涌现，社会财富日益丰富，社会更加注重以人为本和谐发展。经济社会发展的变化带动职业教育的需求和供给的变化这是一条铁定的规律，因此当今社会职业教育的需求与供给呈现出空前丰富多彩的景象。具体来说，当前和今后相当长的历史时期，职业教育的需求和供给将在保留和完善传统产业（含特色传统手工业）的同时，将重点转向新兴产业、新兴部门和新兴领域，比如信息通信、新材料、新能源、环保生态、文化创意、体育休闲、社会事业、健康事业、慈善公益、"三农"建设等。从空间分布变化看，职业教育的供需将在不断完善大都市和东部发达地区的同时，不断向农村和中西部地区辐射，最终形成我国规模空前、丰富多彩、生机勃勃的职业教育大市场。

2. 发展中的职业教育服务保障机制和社会调节机制

经济社会的强劲发展带动职业教育需求与供给的强劲发展，而后者又牵引着职业教育服务保障机制的健全和发展，我国职业教育的服务保障机制从无到有、从不健全到已逐步健全，今后的发展主要有两个方面：一是在职业教育比较发达的区域继续做大做强服务保障体系，并注意机制的转化和优化，从行政行为为主导转变为社会行为和自觉行为为主导。二是服务保障机制要紧跟供需机制向中西部和农村辐射的步伐，使这些地区可以借助后发优势更好地发展职业教育。社会调节机制的发展经历了从过去单一的行政计划调节到现在的行政调节与市场调节相结合的并以行政调节为主导的调节形式，它今后的发展主要有以下几个方面：一是调节将更加科学化。随着信息沟通机制、评价机制、科研学术机制等的日益完善和职业教育供需市场的日益健全，其调节功能将越来越科学合理。二是调节将更加法治化和规范化。社会行为的法治化规范化是一个社会成熟的重要标志，也是科学化的必然要求，随着时代的前进，职业教育的社会调节行为将更加符合法制和规范的要求。三是调节将更加综合集成化。我们知道，随着社会的发展，社会组织之间的联系越来越紧密，相互影响越来越深远，任何一项事业的发展都离不开其他方方面面的支持与配合，职业教育的调节必须纳入社会发展的整体调节机制中去，采取综合措施，形成国家和地区、行业的宏观调节模式，集成化推进，方能取得良好的效果。

（三）职业教育的发展机制是一系列重要的关系

机制的核心是关系，研究职业教育的机制问题目的就是处理好有关的各种关系。

1. 职业教育需求与供给的关系

总的来说，这对关系是决定与被决定、作用与反作用的关系。首先，职业教育需求决定其供给是不争的事实，职业教育体系无法决定和改变经济社会发展带来的对技术应用型、技能型职业人才的需求，只能适应经济社会发展的需求，为其适时适量地培养高素质职业人才。其次，这对关系不仅是决定与被决定的关系，同时也是作用与反作用的关系。职业教育一是要足够地尊重经济社会的发展，二是要足够地促进经济社会的发展，通过适时、适量向经济社会输送高质量人才来促进经济社会的发展，在这当中体现职业教育自身的价值。这里的关键是"适时""适量""高质量"。适时，要跟上经济社会的发展步伐，不能滞后，当然也不能过度超前；适量，培养人才的数量和构成要与社会发展的需求基本平衡；高质量，培养人才的质量要满足社会各行各业发展的需要。

2. 职业教育服务保障与职业教育主体发展的关系

供需体系是职业教育发展的主体，供需体系的发展牵引服务保障体系的发展，这两者也同时存在决定与被决定和作用与反作用的关系。服务保障体系一方面要足够地尊重和服务于主体，同时也要足够地促进主体的发展。职业教育服务保障与主体之间的关系实际上应该是一种"和而不同"的关系：和，二者的最终目的一致；不同，有时二者应保持一定距离，这样更能促进主体的健康发展，如职业院校教育教学评估工作就是一个鲜明的例子。

3. 职业教育的社会调节与需求、供给和服务保障之间的关系

这一组关系比较复杂，不像前面论述的两组决定与被决定、作用与反作用的关系，这组关系实际上是相互决定、相互促进的关系。从比较长的时间尺度看，职业教育供需体系决定调节体系，没有前者，后者无存在的必要和可能，后者的调节方向和调节方式也要依前者的状况而定。服务保障体系也有力地促进着调节体系的健全和发展。而从比较短的时间尺度看，尤其从当下来看，职业教育社会调节机制又决定着供需体系和服务保障体系，改革开放30多年来各级政府及相关部门利用政策、法规、规划、财政、信息、评估、宣传等措施大力推动职业教育发展所取得的显著成效突出地说明了这一点。由此可见，在当前我国的历史背景下，从社会整体发展的宏观层面上看，社会调节机制是职业教育事业发展的关键性机制。

前面主要是分析了职业教育发展机制中四个基本机制之间的关系，实际上每个基本机制内部也存在许多重要关系，比如供给机制的培养体系中，培养目标、培养方式、课程教材、教法、实训、考核和实习等教育教学诸环节之间以及诸环节内部都包含着一些重要关系，需要我们认清和把握。

二、关于职业教育的发展动力

职业教育的发展动力是指推动职业教育运动和发展的力量。职业教育的发展动力可分为宏观层面的动力和微观层面的动力,现实的职业教育的发展动力是宏观动力和微观动力的统一。

(一) 职业教育发展的宏观动力

职业教育的宏观发展动力最初来源于四个基本机制中,而最终形成于四个基本机制之间关系的合力。

由经济社会发展母体中产生的职业教育需求机制是职业教育发展动力逻辑的起点,是职业教育发展的牵引力,它实际上是给社会发展提出了一个挑战——发展职业教育的挑战。社会要想继续生存和发展,就要从母体里分化和成长出一个部分去应战,这个部分就是以职业教育供给体系(培养体系)和服务保障体系为主要内容的社会职业教育体系。总的来讲,职业教育发展需求提出的挑战越大,职业教育体系应战的动力也应该越大。然而在现实中,不同地区、不同行业,乃至不同国度,在大致相同的挑战面前其应战的动力却不尽相同,因而职业教育的发展程度也不尽相同,这里面有两个层面的原因:从直接的原因看,应该是职业教育体系的主体——培养体系和服务保障体系动力发挥的程度不同造成的,动力不足会严重影响职业教育事业的发展;从深一层次看,职业教育体系的驱动力不足大多因为社会调节机制提供的推动力不足,社会调节机制的根源主要存在于社会母体中,社会母体在资源占有、影响能力等方面是职业教育体系自身所无法比拟的,职业教育的发展离不开社会母体提供强大的推动力。归结起来看,职业教育发展的宏观动力是由社会母体中自然产生的职业教育需求牵引力、职业教育培养体系中自应产生的驱动力、职业教育服务保障体系中自应产生的助动力和社会母体中自觉产生的推动力这四种力有机结合而形成的合力。这一动力体系的机理正好印证了老子《道德经》里的一句名言：既知其母，以知其子；既知其子，复归其母。

(二) 职业教育发展的微观动力

宏观不等于微观，但蕴涵着微观；微观不等于宏观，但支撑着宏观。职业教育发展的宏观动力系统主要是由各个具体的组织如学校、培训机构、服务保障组织、行政管理组织等以及每个与职业教育相关的人组成的，这些是职业教育宏观动力系统的基本构成要素。职业教育的具体组织和人员需要的是活力，要有活力，要能够卓有成效地、创造性地完成自己的工作，从而促进整个系统充满活力成功地应对挑战，在这一过程中达成微观与宏观的统一，从而实现自身应有的价值。

职业教育微观组织的活力来源于什么？一是人，二是体制机制。"一个好的大学校长就是一所好的大学"，这句话同样适合于职业教育，因此，选拔优秀人才充实职业教育的各级组织，制定相关优惠政策吸引人才进入职业教育领域成为保持职业教育活力的重要条件之一。体制机制改革是职业教育保持活力非常重要的条件，职业教育的体制机制改革不仅要赶上社会改革的步伐，由于其特殊性和艰巨性还应该适度地超越社会其他一些领域的改变步伐。职业教育体制机制改革后应形成这样一个大的局面：社会对职业教育有足够的认识，校长有足够的权力，学校（或其他培训组织）有足够的财力，教师（或其他从业者）有足够的地位，学生有足够的待遇（与普通教育学生相比），职业教育各类组织有足够的活力。

（三）完善和加强职业教育动力系统的基本方式

发展动力问题是关乎职业教育事业优劣成败的重大问题，根据上述对职业教育发展的宏观和微观动力机制的分析，可以将加强和完善职业教育动力系统的基本方式归纳为"四个对接"和"一个统一"。

"四个对接"：第一个对接是指培养体系要紧紧盯住、死死咬住职业教育需求市场，以服务为宗旨，以就业为导向，实现无缝隙对接，这样供求机制的牵引力才能充分渗透进职业教育体系，从而充分发挥牵引力作用；第二个对接是培养体系的教育教学诸环节要紧紧盯住、死死咬住培养技术应用型、技能型职业人才这个核心目标，实现无缝隙对接，这样才能充分发挥培养体系的驱动力作用；第三个对接是服务保障体系要紧紧盯住、死死咬住培养体系，主动、全方位地服务于职业教育培养工作，实现无缝隙对接，充分发挥助动力作用；第四个对接是社会调节系统要站在贯彻和落实新发展理念、全面建设中国特色社会主义、实现中华民族伟大复兴的历史高度，全方位地高度重视职业教育事业，实现无缝隙对接，充分发挥其对职业教育强大的推动力作用。

"一个统一"：即要采取科学、有力的措施促进职业教育发展宏观动力和微观动力实现有机的统一。如前所述，职业教育发展宏观动力的实现最终还要取决于各个基层组织和每一个职教人活力的焕发，即取决于宏观动力和微观动力现实的统一。因此，在党和政府的正确领导下，健全和改革职业教育的体制和机制，充分调动每一个基层组织和每一个职教人的积极性和主动性是职业教育事业发展的一个关键性因素。

第五节　职业教育的培养目标

职业教育的培养目标问题之所以重要取决于以下三点：第一，它是整个职业教育体系中各种重要关系间主要的交汇点,它一头连着经济社会发展对职业教育的需求和要求,另一头连着职业教育的教育教学过程以及受教育者的职业生涯;第二,它是整个职业教育教育教学过程的引领点,它决定了职业教育培养工作总的原则和方向,是教育教学工作的基本依据;第三,它决定了受教育者职业生涯的切入点,影响他们的一生。这三点决定了职业教育培养目标非同寻常的重要性,我们不能不重视,不能不详察。

一、职业教育的培养目标是特质目标和共质目标的辩证统一体

职业教育的本质决定了其特殊的培养目标,即培养技术应用型、技能型职业人才,我们将这一特殊的培养目标称为职业教育培养的特质目标。同时,职业教育又是整个教育事业中的一个类型、一个部分,它与教育事业其他类型、其他部分共同承担着贯彻国家教育方针、培养全面发展的社会主义建设者和接班人的共同任务,我们将这一共同的培养目标称为职业教育培养的共质目标。现实中的职业教育的培养目标应该是特质目标和共质目标的辩证统一体。

(一) 职业教育培养的特质目标

现代社会的发展需要有相应的人才规模和结构,这决定了现代职业教育的产生和发展,并赋予它特殊的性质,这一特殊的性质就决定了职业教育区别于其他教育的特殊培养目标。根据当代世界经济社会发展对人才结构的需求以及对教育发展分类的要求,1997年联合国教科文组织制定了《国际教育标准分类》(ISCED),从中可以看到,培养技能型人才的2B和3B相当于我国的初等职业教育和中等职业教育,而高等教育中的5B,即培养技术应用型人才的高等教育相当于我国的高职教育。

对职业教育培养的特质目标的界定主要依据当代社会人才构成的需要。无论从现代科学技术发展逻辑看，还是从现代人类活动（主要是经济活动）的发展逻辑看，对现代人才群体的需求呈以下相互关联的四个层次。

（1）科研学术型人才，简称学术型人才。他们的任务是研究发现客观规律和原理，建立和完善理论，同时也传播新知识、新理论。在科学技术发展逻辑中，他们对应于基础科学以及技术科学中的上位层次，他们是探索和发现者。在现实的社会结构中，他们是科学家、研究人员、研究型教授等。对于他们的培养一般由研究型大学本科以上层次完成。

（2）科技工程型人才，简称工程型人才。这类人才的任务是根据基础科学和技术科学的成果去进行创意、规划、设计、开发等工作，将科研学术成果与人类现实生活对接，创造条件地孵化出将学术成果转化成社会实际成果的思路、蓝图、方案、设计等。在科学技术发展逻辑中，他们对应于工程技术阶段，属科学技术向现实生产力转化环节的上位层次，他们是创意和设计者。在现实社会中，他们是设计师、工程师、经济师、主创人员等。对于他们的培养一般由工科、经管等大学本科以上层次完成。

（3）技术应用型人才，简称技术型人才。这类人才的任务是落实规划、方案、设计等，将其转变为合格的物质形态产品或社会服务产品等。在科学技术发展逻辑过程中他们对应于工程技术阶段里的下位层次，他们是组织和实施者。在现实社会中，他们是工艺工程师、技术员、农艺师、会计师、车间主任、工段长、护士长等。对于他们的培养一般应由高等职业院校专科以上层次完成。

（4）操作技能型人才，简称技能型人才。这类人才的任务是在生产和服务第一线，依靠必要的专业知识和熟练的操作技能最终完成物质产品的生产或社会服务活动。在科学技术发展逻辑过程中他们处在科学技术向现实生产力转化过程的最终完成阶段，他们应该是能工巧匠。在现实社会中，他们是技术工人、手工艺者、高级服务人员等。对于他们的培养一般由初级和中级职业学校完成。

　　从上述对人才结构的分析中可以看出，职业教育特殊的培养目标主要是针对第三和第四两个层面人才的培养，即技术应用型和技能型人才培养，前者主要由高职教育培养，后者主要由初、中职教育培养（目前主要是由中职教育培养）。这里还有两点需要说明：第一，对有的人才层次的界定并不是很明晰的，如一些科学家也主持或参与重大项目的设计与实施，一些技术应用型人才同时也具备较高的操作技能，等等。第二，上述对人才的分类和职业教育培养目标的定位是就现代社会一般意义而言的，对诸如传统工艺制作，传统医学中针灸、推拿按摩等，传统艺术中的国画、书法等行业，这些从业者实际上既能创意、设计又能实施、制作，对他们的培养是在特殊的方式下进行的。

　　（二）职业教育培养的共质目标

　　如果说职业教育培养的特质目标是培养职业人的话，那么职业教育培养的共质目标则是培养社会人，即培养社会各类人才都应具备的综合素质。马克思主义关于人的全面发展的学说为我们提供了迄今为止最全面、最正确的指导思想，对于"全面发展"的内涵我国一直沿用德、智、体、美四个方面来表述，笔者认为，还要再加上一个"能"字，即用德、智、体、美、能五个方面表述"全面发展"的内涵。在由这五个方面构成的综合素质统一体中，体能和智能是综合素质的生理和心理基础，是潜在力量；道德品质既是内在的素养，又是调节人与人、人与社会关系的行为规范，是安身立命的重要条件；情感、情调、意志等（美的范畴）是个人发展中不可缺少的非理性因素，对个人发展起着积极或消极的作用，是综合素质的审美导向和力量基础；能力是前四个方面的综合体现，又是人的全面发展的主要支撑，因而在人的综合素质里应该居核心地位。

鉴于能力在人的综合素质和人的全面发展中的核心地位，有必要对其进行梳理和分析。目前教育界一般认为能力包括相互联系的三个方面内容：一是专业能力，指专业领域内从事生产、经营、服务等职业活动所需要的能力，它是相关知识和技能的综合，它的生成在于学习和工作实践，是二者的有机统一；二是方法能力，指从事工作所需的工作方法、学习方法、思维方法，它包括科学的思维方法和学习方法以及相关的学习技能，是人的能力不断发展的基础；三是社会能力，指从事职业活动和其他社会活动所需要的行为能力，如表达沟通能力、社会交往能力、心理适应和承受能力、责任感和团队意识、奋斗意识、创业和成功意识等，这既是基本的生存能力，又是基本的发展和扩展能力。笔者认为，这三个方面的能力实际上是一个有机统一的关系：第一，就职业人来说，专业能力是基础、是内核，学习能力和社会能力是扩展、是丰富，专业能力是主体，学习能力和社会能力是两翼；第二，学习能力和社会能力是专业能力的补充和加强，是扩大了的专业能力；第三，专业能力又是一种潜在的学习能力和社会能力，职业人的学习一般是在一定专业背景下的学习，社会活动也经常是被赋予一定专业色彩的活动。同时，在职业教育培养的共质目标里，能力目标与其他四类目标也是一个有机统一的关系：智和体是能的生理基础和心理智力基础，而能力的发展又反过来可以促进智力乃至体质的进一步发展和健全；德和美实际上也是一种"软"能力，而能力的发展又可以不断扩展和提升道德素养和情感、意志、性格等审美取向。

（三）现实的职业教育培养目标是特质目标和共质目标的辩证统一

统一，可以是简单的并列和汇总，也可以是和而不同、相互促进、整体提高，这后一种统一就是辩证的统一。高质量的职业教育培养目标应该是特质目标和共质目标的辩证统一，而不应该是简单的并列和汇总，如一些学校培养过程中出现的专业教育（技术、技能教育）与通识教育"两张皮"的倾向。实现职业教育培养特质目标与共质目标的辩证统一需要一个完善的机制，笔者认为要把握以下两个基本原则。

（1）把握一般与特殊的关系，在共质培养目标的实现过程里体现特质培养目标的性质要求。培养德、智、体、美、能全面发展的人才是各类教育的共同目标，是一般；而从职业教育的视点上看，这个一般又不能脱离培养技术应用型、技能型职业人才这个特殊。比如我国著名戏剧表演艺术大师常香玉经常教导弟子的一句话是："戏比天大"，体现了责任心等德育素质培养与表演艺术培养相结合的要求。

（2）把握部分与整体的关系，在特质培养目标的实现过程里结合全面发展的共质培养要求，在二者协同共进中培养更高境界和更高质量的技术应用型、技能型职业人才，促进职业教育培养的特质目标在更高的水平上得以实现。比如专业教育中采用项目教学法，以学生为教学过程的中心，让学生独立地获取信息、价值判断、制订计划、实施计划、评估结果，以及挖掘和培养学生专业能力基础上的自主综合能力。再比如在教育教学过程中通过高质量的文化课、社会实践活动、校园文化活动等，开阔学生的胸怀和眼界，努力将学生培养成为"据于德，依于仁，游于艺"的大匠人、大艺人。

综上所述，可以将职业教育的培养目标（基本目标或总的目标）用一句话来概括：即培养德、智、体、美、能全面发展、高素质的技术应用型、技能型职业人才。总之，职业教育培养的应该既是高素质的职业人，又是高素质的社会人；既是以牢固的职业能力为基础的全面发展的社会人，又是具备"德""智""体""美""能"综合素质的职业人。

二、职业教育培养目标是与上位概念和下位概念的辩证统一

我们可以将职业教育培养目标看作是职业教育概念体系中的一个中位概念,邻近它的上位概念有职业教育目的、职业教育方针等,邻近它的下位概念有不同类型职业教育培养目标、不同专业培养目标等。任何事物都不是孤立和静止存在的,事物的生成是多种因素相互作用的结果。前面分析了职业教育培养目标的内涵,本节从联系和发展的视点上将培养目标问题合理放大,探究职业教育培养目标的生成过程,以便对职业教育的培养目标问题的理解更深入、更全面。

(一)职业教育培养目标的上位概念和下位概念

1.职业教育培养目标的上位概念

职业教育培养目标的上位概念是指在职业教育逻辑关系链上位于培养目标之前的概念,正是它们引领并决定着培养目标的生成,它们主要有职业教育目的和职业教育方针。职业教育目的是指职业教育行为最终要达到的预期目的,反映了人们对所培养人才的基本要求。职业教育方针则是指国家制定的职业教育工作总的原则,是职业教育工作要遵循的方向指针。

根据对《中华人民共和国职业教育法》《国务院关于大力发展职业教育的决定》等法律、法规的理解,可以将我国职业教育目的和方针分别作一概括。职业教育目的:第一是国家发展的目的,主要是促进经济发展,提高综合国力,把人口压力转变为人力资源优势;第二是社会和谐的目的,主要是促进就业,消除贫困,实现公平,维护社会和谐稳定;第三是个体发展的目的,遵循教育规律,培养全面发展的高素质劳动者和高技能专门人才。职业教育方针:《中华人民共和国职业教育法》总则第4条基本上确

立了我国的职业教育方针，即"实施职业教育必须贯彻国家教育方针，对受教育者进行思想政治教育和职业道德教育，传授职业知识，培养职业技能，进行职业指导，全面提高受教育者的素质"。职业教育方针确定了职业教育工作的基本方向和基本内容：第一，贯彻国家教育方针，培养全面发展的社会主义建设者；第二，传授职业知识，培养职业技能，进行职业指导，养成职业道德，培养高素质的职业人才。

2. 职业教育培养目标的下位概念

邻近职业教育培养目标的下位概念主要有不同类型职业教育培养目标和不同专业职业教育培养目标，它们是职业教育的培养目标（在这里可称为职业教育培养的基本目标或总目标）的逻辑延伸和支撑。

我国的职业教育主要有三个层次类型，分别是初级职业教育、中等职业教育和高等职业教育，目前以后两个层次类型为主，每个层次类型的职业教育培养目标有所不同。①初级职业教育培养目标。这是职业教育最低的层次类型，是在初中阶段实施的职业教育，也是九年制义务教育的组成部分，它的培养目标是培养掌握初等科学知识，有一定的职业技能，能自食其力的初级劳动者，它的核心是培养初级技能人才。②中等职业教育培养目标。中等职业教育是我国职业教育的主要力量，是我国高中阶段教育的重要组成部分，担负着培养数以亿计的高素质人才的重要任务，它的培养目标是培养具有综合职业能力，在生产、服务、技术和管理第一线的高素质劳动者和中级专门人才，它的核心是培养中级技能型人才。③高等职业教育培养目标。高等职业教育培养目标是培养高级技能型专门人才和高级技术应用型人才，即重点培养将决策、规划、设计等转化为实际产品和服务的技术型人才，或从事成熟理论与技术的应用和操作的高级技术和管理人员。

不同专业的培养目标是职业教育培养目标概念体系中最基础的下位概

念，是职业教育目的、方针和基本培养目标的细化和落实，是专业课程设置、教学方式方法选择的前提。

职业教育是一种专业教育，但不同于普通教育中的专业教育，比如普通高等教育的专业教育培养目标基本上是从学科角度制订所培养人才的知识、能力及素质等质量标准，而职业教育的专业培养目标则是从实际工作岗位分析出发，根据岗位能力的要求确定人才培养的素质要求，确定不同专业的培养目标体系。岗位能力本位的教育模式是从实际工作岗位分析出发来构建专业培养目标的。首先，要开展社会调研工作，确定本专业就业对应的社会岗位群及具体专业；其次，分析职业岗位的主要责任和主要任务；再次，根据职业岗位的责任和任务分析归纳职业岗位能力要求；最后，对职业岗位能力进行整理和筛选，确定出专业培养目标的素质规格。

（二）职业教育培养目标是与上位概念和下位概念的辩证统一体

职业教育的目的、方针、总的培养目标、不同类型的培养目标和不同专业的培养目标这五个相互联系的概念在现实的职业教育过程中分别代表五个不同的环节，这五个概念的关系不是并列的，它们之间依一定的逻辑关系构成了一个有机系统，现实的、科学的职业教育培养目标的生成是这五个概念（或环节）相互作用的结果。

（1）首先，职业教育培养目标关系链中这五个环节缺一不可。比如，社会的职业教育目的不明晰，那么职业教育培养目标的确定就没有上位的引领。再比如，职业教育各个层次类型和各个专业培养目标不完善、不科学，那么职业教育的培养目标也只能是得不到落实的空话。

（2）职业教育培养目标逻辑关系链中五个概念之间的关系，首先是如下依次决定与被决定、影响与被影响的关系：职业教育目的—职业教育方针—职业教育培养目标—各个类型职业教育培养目标—各个专业职业教育培养目标。

（3）职业教育培养目标关系链中不仅有正向的决定与被决定、影响与被影响的关系，同时存在逆向的反馈关系。比如，过去中专学校的培养目标是中等专业技术人才，随着社会条件的变化，中专学校归入中职学校的培养范畴，原来的专业培养目标下移，那么作为中专层次类型新的培养目标也从原来的中等专业技术专门人才下移到培养中级专门技能人才。相应地，过去由中专学校培养的人才层次现在上移到了高职类型的院校培养。再相应地，再上一位的环节即职业教育总的培养目标环节也发生了变化，由传统的以培养技能型人才为目标转变为以培养技术应用型和技能型人才为目标。从这里清楚地看到，由于最下位的各个专业培养目标的变化引起了它上位的各个类型培养目标的变化，又进一步影响了再上一位职业教育总的培养目标的变化。从这里也可以看到，在上述逻辑关系链中，处于上位的环节一般比较稳定，而处于下位的环节往往比较活跃，在一定条件下可以影响整个逻辑关系链的变化。

第二章 现代职业教育的课程改革

第一节 现代职业教育课程概述

一、职业教育课程的特征

（一）定向性

职业教育培养的人才，都有具体行业、专业或工种的职业方向要求，同时，职业教育中的普通文化课程也要求体现出一定的职业性，因此，职业教育课程定位于特定的职业或职业群，具有职业的定向性。区域经济发展的差异与行业技术水平的高低，对同一职业领域的人才规格又有特定的要求，使得职业教育课程带有区域和行业特色，具有区域或行业的定向性。职业教育课程定向性的特征，要求采用职业分析的方法来制订相应的课程方案和课程标准。强调职业教育课程的定向性，并不意味着否定课程的适应性，而是要在课程开发中注重学生适应性从业能力的培养。这也意味着离开行业、企业参与的职业教育课程的开发、实施和评价是难以有效果的。

（二）适应性

主要体现在两方面：一是要适应经济社会不断发展的需要。根据社会需要培养实用人才,是职业教育的根本任务。社会需要是不断变化的,因此,职业教育课程必须适应这种变化,并能根据需要的变化及时调整课程内容。这就要求职业教育课程开发必须进行劳动力市场需求分析,以使各专业课程的内容与地区、行业的实际需求相适应,与技术的变迁相适应。二是要适应不同学习者的需求。职业教育课程要与不同学习者的需求相适应,直接帮助学生形成广泛的知识、技能和良好的学习态度与价值观,增强学生的就业能力。

(三)应用性

职业教育作为从事职业的准备教育,是一种以学习将来的职业生活所需的知识和技能为目的的教育,要求学以致用,学以谋生。在课程内容设置上,要紧密联系实际生产、服务和管理等职业实践,注重实际工作经验的积累和职业领域中所涉及的职业道德、职业规范和职业技能的整合,注重知识的实际运用,关注运用的条件、方法、手段及效果的评价等,而不是过分强调原理分析和理论推导,具有应用性的特征。强调职业教育课程的应用性,并不意味着否定课程的基础性。在注重职业教育课程具有职业活动应用性特征的同时,要在课程开发中注重个性发展所必需的共通性的基础技能、知识和行为方式。

(四)整体性

职业教育课程的实施和评价,具有整体性的特征。表现课程的实施和评价,以及学生相应的学习过程应该是一个包括观察、思考、行动和反馈的整体系统。整体性是与职业活动系统的过程紧密相关的。因此,与之相应的课程的整体性,体现为课程的计划、实施和评价是一个相互联系的总过程,是一种在传授技能与知识的同时,培养学生具备独立地制订计划、

第二章　现代职业教育的课程改革

独立地实施计划、独立地评估计划的能力的过程。强调职业教育课程的整体功能（整体性），并不意味着忽略课程的各个阶段，即计划、实施和评价的局部功能（局部性）。

（五）实践性

职业教育课程是一门包含了实验验证、实训模拟、代岗实习、代岗作业、创作设计等内容的课程。毕业就能顶岗工作或经过短暂的适应期后就能适应岗位工作是社会用人单位对职业教育毕业生的要求。职业教育作为为具体工作做准备的教育，培养的学生必须能有效地完成工作任务。实践学习知识最为有效的途径是实践过程，因此，职业教育学生的学习过程应尽可能与工作实践过程相结合。把工作实践过程设计成学习过程，是职业教育课程的内在要求，是职业教育课程实践性的重要体现。

（六）灵活性

职业教育培养模式不但要适应职业领域和各地区劳动力市场的迅速变化，而且要满足学习者的多样化需求，因而在课程设置、课程结构上要求具有灵活性。职业教育的课程要及时实现专业方向的调整，灵活地实现教学内容的新陈代谢，激发学生学习的积极性和主动性，增加学习的灵活性，使学生根据就业需要和个人兴趣随时转换方向。灵活性还要求职业教育课程有极大的弹性和应变性以提高其适应性，职业教育课程模块化的趋势正是这种灵活性特点的反映。

（七）综合性

职业教育课程的内容以职业活动内容为主，以工作岗位所需技能为准则进行开发，某一门课程可能涉及多门学科知识，具有兼容性的结构特点。

职业教育课程的形式是多种多样的，一般分为理论课和实践课。其中，理论课通常分为文化基础课、技术基础课和专业课，课程类型多，各种课程内容的呈现方式也多种多样，尤其是一些动作技能课，需要多种形式的教学媒体来传递。另外，职业教育课程的教学对象具有综合性，各种层次、各种年龄段的人都是其课程内容的接受者。

二、职业教育课程的类型

在职业教育课程理论与实践中，用不同的维度可以分为不同的课程类型。

（一）按课程教学形态可分为学科课程与活动课程

学科课程以学习学科知识为主，教学形态以课堂教学为主。学科课程在内容的组织上注重纵向的顺序及系统性、连贯性，通常偏重理论，强调形式训练和知识的迁移，传授知识的效率高。但学科课程往往忽视学生的技能训练、情感陶冶等，因而较难达到使学生自觉地将理论知识应用于实践的目的。

从职业教育课程形态的现状来看，主要还是学科课程，所以必须大力改革。在职业教育实践中，活动课程是指有计划、有目的地组织、安排一项或若干项实验、实习、设计、操作等专业性实践活动，使这些活动本身成为一门课程或一个课程单元。

活动课程以让学生增加感受、体会为主，教学形态以走出课堂为主。活动课程打破了学科逻辑组织的界限，重视学生学习的主动性，注重学习同实际生活的联系，重视直接经验的作用，强调从做中学，培养学生手脑并用的实际应用能力，重视学生的个性差异，因而有利于克服学科课程的某些弊端。

活动课程的目的主要是通过活动巩固所学的知识和技能，同时，通过主体与客体的相互作用将彼此割裂的分散知识、技能进行整合与协调，使原先学到的知识、技能具有更广泛的迁移性，使学生在真实或模拟的职业工作情境下能够灵活地运用学过的知识和技能，创造出有效的工作方式。

(二) 按课程管理和设置的要求可分为必修课程与选修课程

必修课程是由政府或院校规定的，学生必须学习而且要达到规定标准的课程；选修课程不是由政府或院校规定必须开设的，学生可以在一定范围内选择学习。选修课程又可以分为两类：一类是院校规定学生必须在若干课程中选择学习一门或几门课程，称为限定选修课程；一类是并不规定选择范围，院校允许学生在院校开设的所有课程中选择学习，称之为自由选修课程。

(三) 按课程组织方式可分为分科课程与综合课程

分科课程通常又被称为科目课程，是一种单学科的课程组织模式。科目课程强调分科，强调不同学科门类之间的相对独立性和学科逻辑体系的完整性。

综合课程是指运用两种或两种以上学科的知识观和方法论去考察和探究一个中心主题或问题的课程。如果这个中心或主题源于学科知识，那么这种综合课程即是学科本位综合课程（或综合学科课程）；如果这个中心主题或问题源于社会生活实践，那么这种综合课程即是社会本位综合课程；如果这个中心主题或问题源于学生自身的需要、动机、兴趣和经验，那么这种综合课程即是经验本位综合课程（或综合经验课程）。综合课程是一种多学科的课程组织模式，它强调学科之间的关联性、统一性和内在联系。

综合课程不是作为分科课程的对立形态出现的,二者各有其存在的价值,相互不可替代。

职业教育是一种以培养学生解决问题的能力和实际操作技能为主要目标的教育,因此,职业教育课程要以综合课程为主。在课程内容组织上,可以采取以下两种方法:

一是以问题为轴心,将原先分属于各学科的知识分离出来为回答或解决某一问题服务,或者为围绕某主题获得相关的实用知识服务。职业教育的某些专业课程,如设备的故障诊断和维修课程等,比较易于组织成问题中心型综合课程。某些带有提高、扩展、更新性质的专题研修课程,也宜采用此类课程。

二是以职业能力为轴心,将形成某项职业能力所需的知识、技能和态度等要素,按职业能力本身的结构方式进行组织。能力中心型的课程强调内容的实用性和针对性,它将那些与职业能力要求相关性较低的知识、技能和态度排斥在课程之外,缩短了与实际工作的距离。在设计综合课程时,一般将这些知识、技能、态度分别编成一定的课程模块。如 CBE 课程模式和 MES 课程模式就是典型的能力中心型综合课程。

(四) 按课程表现形式可分为显性课程与隐性课程

显性课程是指院校情境中以直接的、明显的方式呈现的课程。大多数情况下,显性课程是以院校教育中有计划、有组织地实施的正式课程或以官方课程的方式呈现。

隐性课程是指院校情境中以间接的、内隐的方式呈现的课程。隐性课程时常带有非预期性、非计划性,以非正式的、非官方的课程方式呈现,具有潜在性,因此,隐性课程也被称作潜在课程。隐性课程是教育过程中由物质、文化、社会关系等要素构成的教育环境,大体可分为以下几种:

一是制度型隐性课程，如院校所制定的各种规章制度、校训、校风、校服、告示等；二是关系型隐性课程，如院校中师生关系、生生关系、社会上的人际关系等；三是校园文化型隐性课程，指校园文化产生的影响，如文化活动的价值取向、文化活动的氛围等；四是校园环境型隐性课程，指校舍及各种功能场所的设计分布，以及校园的美化、绿化和宣传设计。

隐性课程具有潜移默化的教育功能。我国的职业教育先驱黄炎培先生在实践活动中早就注意到了运用校风、校歌、校训和校徽的作用，来对学生进行职业道德教育和职业意识的培养。

（五）按课程实施阶段可分为建议课程、书面课程、感知课程、教授课程、体验课程、评价课程

建议课程是指由研究机构、课程专家提出的应该开设的课程；书面课程是指教育行政部门规定的教学计划、教学大纲；感知课程是指教师感觉到的课程；教授课程是指课堂上实施的课程；体验课程是指学生实际体验到的东西；评价课程是指评价者能够评价到的内容。

（六）按课程设计、开发和管理主体可分为国家课程、地方课程与校本课程

国家课程从广义上讲，是指国家有关部门制定和颁布的各种课程政策。比如，教育部制定、颁布的课程管理与开发政策、课程方案，各类课程的比例和范围，教材编写、审查和选用制度等；从狭义上讲，是指国家委托有关部门或机构制定的基础教育的必修课程或称核心课程的课程标准或大纲。国家课程集中体现了国家的意志，是决定一个国家基础教育质量的主要因素，因此，国家课程具有统一规定性和强制性。

广义的地方课程是指在某一地方实施和管理的课程，既包括地方对国家课程的管理和实施，也包括地方自主开发的只在本地实施的课程；狭义的地方课程专指地方自主开发、实施的课程。在一般情况下，人们所谈的地方课程都是狭义的地方课程。

广义的校本课程指的是学校所实施的全部课程，既包括院校所实施的国家课程、地方课程，也包括院校自己开发的课程；狭义的校本课程，即院校在实施好国家课程和地方课程的前提下，自己开发的适合本校实际的、具有院校自身特点的课程。目前，人们习惯上将院校自己开发的课程称为校本课程，以区别于广义的校本课程。

（七）按课程的功能可分为公共基础课程与专业课程

公共基础课程指偏重人格修养、文化陶冶及艺术鉴赏的课程。它与专业知识相配合，兼顾学生继续教育的需求。公共基础课程一般包括德育课程（含职业素养课程、活动课程和社会实践等）、文化课程、体育与健康课程、艺术类课程，以及本专业有别于其他专业的基本能力培养课程等。

专业课程提倡理论实践一体化，以实践为核心，辅以必要的理论知识，兼顾学生就业或进修学习所需基本知识和能力培养。一般包括专业基础课程、专业（技能）方向课程、专门化实训和顶岗实习。

第二节　现代职业教育课程的理念

一、职业教育课程的理念

（一）学科论

坚持在职业教育中保持学科课程的必要性，围绕知识的系统性组织课程。

(二) 普通论

职业教育课程内容不应局限于某些特定的职业领域,而是要充分考虑个体适应多变社会的需要,以及人性本身完善的需要,充分体现出普遍性。

(三) 职业论

削减理论课程课时的比例,增加实践课程比例,用围绕职业岗位的工作任务组织课程。

(四) 专业论

职业教育是一种服务于个体就业与经济发展需要的教育,这是其核心价值所在,课程体系不应过多地受普通课程的干扰,应当突出满足岗位需要的职业能力的培养。

(五) 基础论

基础性是职业教育课程设计的主要思考维度,课程内容不应仅以眼前的实用为取向,关键要为后续学习或发展奠定基础。

(六) 实用论

实用性是职业教育课程设计的基本价值取向,职业教育课程要摆脱简单移植普通教育课程模式的倾向,降低课程内容的理论难度,关键要给学生提供对就业有价值的知识和技能。

二、职业教育课程的模式

(一) 学科式课程模式 (又称单科分段式或三段式课程模式)

三段式课程模式即将各类课程按（知识内容）顺序分阶段排列，组成各门课程相互衔接又各自为主的结构庞大的体系。三段式课程模式通常把职业教育课程划分为三类，但究竟划分为哪三类，不同观点之间的差别很大。比较常见的是划分为文化基础课、专业基础课和专业课这三类；另一种常见的观点是文化基础课、专业理论课和实践课三类课程。此外，在不同的观点中，这几类课程的名称也不尽相同。如文化基础课有"文化课""普通文化课"等名称；专业基础课有"技术基础课"等名称；实践课有"技能训练""实习""实训"等名称。目前，多数职业院校仍采用三段式课程框架。

三段式课程模式注重学科体系的完整性，关注学科基础理论与实践课程并列，重视文化基础知识，实践课单独设课自成系统。这种课程模式的优势在于：教学上循序渐进，课程安排上力量集中，逻辑性强，有利于学生有效地掌握已为人类所获得的知识；系统性强，有助于学生系统地继承和接受人类的文化遗产；多以传授知识为基础，较易于组织教学和进行课程评价，可用较低的投入获取较高的效益。缺点为：学科中心的倾向明显，并相对忽视了各学科知识在实际运用中的整体性；部分学生灵活、综合运用知识的能力不足，无法在工作岗位上解决所遇到的实际问题，易造成理论与实践脱节；在技能培训方面，没有形成完整的技能培训体系，难以培养学生的"工作过程"知识和基本工作经验；在教学方法上容易偏重知识的传授，而忽视学生健全人格的形成和身心的健康发展；梯形课程排列的方式还增加了基础理论学习的难度，也不利于理论与实践的整合。

(二) 核心阶梯课程模式

核心阶梯课程模式是德国双元制中采用的课程模式，因此也叫双元制课程模式。双元制的根本标志是：学生一面在企业（通常是私营的）中接受职业技能培训，一面在部分时间制的职业学校（公立的）中接受包括文化基础知识和专业理论知识在内的义务教育。这种双元特性，主要表现为企业与学校、实践技能与理论知识的紧密结合，每一"元"都是培养一个合格的技术工人过程中不可或缺的重要组成部分。

核心阶梯课程模式是一种建立在坚实的专业训练基础之上的、综合性的、以职业活动为核心的课程结构，分为普通课程、专业课程、实践课程。其中，专业课程由专业理论、专业计算与专业制图三门课组成。所有专业课程、实践课程的内容都按培训条例的要求，划分为基础培训、分业培训、专长培训三个逐级上升的层次。这种课程结构称为"核心阶梯式"。

核心阶梯式课程模式由学校和企业合作，共同负责人才培养工作，共同制订课程学习计划。其优点在于能够保证学生在广泛基础培训的前提下逐渐分化而最终达到掌握专长技术的目的，非常适合企业对人才多能和多层的需要；同时，由于避免了过早分化，学生不但有机会选择适合自己兴趣与爱好的职业，而且拓宽了他们的就业范围，增强了他们转岗的能力。

双元制课程体系注重实践能力的培养，突出操作技能的训练，采用综合课程方法形成核心阶梯式课程结构，知识量多，实用性强并可学以致用。双元制课程特别强调完成综合性工作任务所需的各种关键能力的发展与培养，非常有利于培养宽基础复合型的职业技术人才，有利于增强学生对企业生产、管理的广泛适应性，便于其迅速就业和转岗。

(三) 实践导向职业教育课程模式

实践导向职业教育课程模式是我国职业教育工作者目前正在积极探索

的一种课程模式,如任务引领型课程、项目课程开发模式等。

1. 任务引领型课程

(1) 定义

任务引领型课程指按照工作任务的相关性进行课程设置,并以工作任务为中心选择和组织内容的课程。它的工作任务需要根据工作岗位的实际情况进行选取或设计。它不同于以学科边界进行课程设置并按知识本身的逻辑体系选择和组织内容的学科课程。

(2) 特征

①任务引领。以工作任务为中心引领知识、技能和态度,让学生在完成工作任务的过程中再学习相关理论知识,发展学生的综合职业能力。

②产品(服务)驱动。任务引领型课程主张把关注的焦点放在通过完成工作任务所获得的产品上,以激发学生的成就动机。以"解剖麻雀"的方式,通过完成典型产品或服务,来获得某工作任务所需要的综合职业能力。

③目标具体。任务引领型课程要求对课程目标做出清楚、明确的规定,以更好地指导教学过程,也可以更好地评价教学效果。

内容实用。任务引领型课程强调紧紧围绕工作任务完成的需要来选择课程内容,不求理论的系统性,只求内容的实用性。

学做一体。任务引领型课程主张打破长期以来的理论与实践二元分离的局面,以工作任务为中心,实现理论与实践的一体化教学。

(3) 结构模式

任务引领型课程根据任务之间关系的不同可分为三种结构模式:递进式,即工作任务按照难易程度由低到高排列;并列式,即工作任务之间既不存在复杂程度差别,也不存在明显的相互关系,而是按照并列关系排列的;流程式,即工作任务是按照前后逻辑关系依次进行的。

2. 项目课程开发模式

这是一种具有中国特色的工作过程导向的课程开发模式。

项目课程的出现，源于我国职业教育改革中，为提升学生职业能力、激发学生学习积极性和满足企业对人才素质要求的需要。它将成为我国当前和今后职业教育课程改革的方向，并能形成本土化且具有中国特色的职业教育课程开发模式。

项目课程以职业能力的培养为目标，以岗位需求为依据，以工作结构为框架，以工作过程为基础组织教学过程，突出任务中心和情境中心。项目课程综合运用相关的操作知识、理论知识来完成工作任务，以工作任务整合理论和实践，加强了课程内容和工作之间的联系，形成了在复杂工作情境中进行判断并解决问题的能力，提高了学生的综合职业能力。

工作过程导向的综合课程开发是一个客观分析与主观设计相结合的过程。分析和描述工作过程是确定学习情境和设计教学项目的基础。课程开发的任务就是将这些有教学价值的工作过程描述出来，并将其设计成具体的学习情境，且尽量以教学项目的形式呈现。要想深入分析工作过程，必须首先详细描述工作过程的各个层面，这些层面包括基本工作对象、重要的工作组织方式，以及社会、企业和顾客对该职业（专业）的期望与法律标准等。可以看出，工作过程导向课程一般为开放性的课程计划，是一种适合作为高职院校的校本课程。

项目课程有以下主要特点：①保持学习中对工作过程的整体掌握，学生可在完整的和综合的行动中进行思考和学习；②以学生为中心，课程面向每一个学生，关注学生在行动过程中的学习体验和个性化创造；③合作式学习培养了学生解决实际问题的能力；④强调对学习过程的思考、反馈和分析，课程评价标准具有多元性，行动的过程和结果具有开放性；⑤重视典型工作情境中的案例，以及学生自我管理式学习。

项目课程作为突破我国学科系统化课程模式，建构体现我国职业教育特点的，具有工作过程导向式课程开发模式的一种有效方法，在课程改革中被看好。当然，它在实施中也遇到了一些困难和问题，主要表现在：①一些学校和专业在现有条件下很难找到和开发完全满足要求的项目；②现有的师资水平还无法适应项目课程教学的要求；③项目课程教学给以班级授课制为主要形式的教学秩序带来了挑战；④需要有充足的场地、设备、现代化教学手段和资金投入。

第三节　现代职业教育课程的开发

课程开发是指通过需求分析制定课程目标，确定课程结构，选择课程内容，组织相关教学活动并进行计划、组织、实施、评价、修订，最终达到既定目标的整个工作过程。它是一项复杂的工程。

一、职业教育课程开发的原则

（一）以创新教育为核心，以全面素质教育作为指导思想

素质是人在先天生理基础上经过后天教育和社会环境的影响，由知识内化而形成的相对稳定的心理品质。也就是说，素质是知识的稳定、内化和升华的结果，具有理性的特征。知识是素质形成和提高的基础，但只有知识并不等于具有较高的素质。素质又是潜在的，通过外在的形态（言行）来体现，相对稳定地影响和左右着人们对待外界和自身的态度。

素质教育从整体意义上讲，是提高人的身心健康和发展水平的教育，是强调潜能的发挥，以及心理品质的培养和社会文化素养训练的整体教育。

一个人的素质的养成与发展是一个逐步提高的过程，因此，应该根据不同学习阶段的生理、心理和社会文化素质的实际情况，进行富有时代特征的综合素质教育。创新教育是根据创造学的理论方法，兼具现代心理学、教育学、哲学、思维科学的最新成果，应用于教育教学实践中的一种以开发学生创造力，培养创造型人才为目标的现代教育。创新教育对学生品格的形成和能力的提高具有不可替代的重要作用。创新教育是全面素质教育的核心，没有创新，就没有发展。我们要对培养目标、教育模式、课程体系、教育内容、教学方法，乃至教材进行重新审视，构建新的课程体系。

（二）以纵向沟通和横向衔接为课程编制的原则

课程的编制亦称为课程设计。从认定目标到教材的选择，以及教学的实施，都要精心设计。在课程编制过程中，应遵循纵向组织原则和横向组织原则。

纵向组织原则。其核心是序列。传统的序列原则是按由简到繁的序列编制学习活动。这一原则的基本含义包括：由简到繁意味着涉及从已知到未知，由浅入深的学习活动；从具体到抽象意味着先呈现直观的教学内容，然后进行提炼归纳。这一原则适用于逻辑系统非常严密的学科课程编制。

横向组织原则。"整合"是横向组织原则的核心概念。采用跨学科的方法来组织课程，就是横向组织的整合化。"整合化"意味着打破固定的学科界限和传统的教材内容，强调的是广度而不是深度，注重的是知识的应用，而不是知识的形式。通过整合原则可加强学科问题联系，加强课程与个人兴趣和需要的联系，加强课程与外部经验和社会需要的联系。横向组织原则包括联系性与综合性。横向组织原则要求把组织要素应用于广泛多样的情境之中。

当我们设计的课程同时具有纵向和横向连续性时，其内容会互相强化，学生可以更深刻、更广泛地理解和掌握所学课程的基本内容。

二、职业教育校本课程的开发

校本，即以学校为本，以学校为基础。其含义是"基于学校""在学校中""为了学校"。其中，"基于学校"是指要从学校的实际出发，所组织的各种培训、展开的各类研究、设计的各门课程等都应充分考虑学校的实际，挖掘学校的种种潜力，让学校资源更充分地被利用起来，让学校的生命活力释放得更彻底。

（一）职业教育校本课程开发的含义

职业教育校本课程开发，是指在国家规定的课程计划范围内，以学校和企业为课程开发的主要场所，依据学校的性质、特点、条件，以及学生的需求和可利用的课程资源，由学校校长、教师、企业技术人员、行业相关人士、课程专家、学生、家长，以及社区人士等共同参与学校课程计划制订、实施、评价的活动。其核心是致力于打破自上而下的课程运作方式，主张把课程的决定权还给学校、教师、学生以及家长，是一种自下而上的课程运作方式，其强调课程的适应性，关注学生的差异性。

（二）职业院校校本课程开发的理念

职业院校进行校本课程开发，必须首先明确其指导思想。

1. 目标观——以就业为导向

从主动适应社会、经济发展的需求来看，职业教育就是就业教育。以就业为导向，提高就业率，是职业教育的核心目标。职业教育的课程应能直接地反映社会和企业的需要。因此，职业校本课程的开发应以就业为导向，以促进毕业生就业为目标和根本指向。

2. 课程观——以能力为本位

从职业教育人才的培养目标和以就业为导向的教育方针出发，职业教育能力型课程开发应以职业能力为本位。职业能力是人们从事一门或若干相近职业所必备的本领。它由专业能力、方法能力、社会能力三个方面组成。围绕"职业能力"这个核心，我们在设置课程体系时，必须确保各项能力目标都有相应的课程或课程模块相对应，即以能力为本位构建理论教学体系和实践教学体系，拓宽基础，注重实践，加强能力培养，提高学生的综合素质。

3. 教学观——以学生为主体，以教师为主导

在教学过程中，学生是学习活动的主体，要靠学生自己主动地建构知识、形成能力、调整态度来发挥自身的主动性。教师的职能由以教为主变为以导为主，教师应该成为课程的设计者、教练、指导者、导师和顾问，以全面建立"以学生为主体，以教师为主导"的教学观。要切合学生的资质与兴趣上的个别差异，使每一位学生的潜能都能得到充分发挥。同时，教师不能毫无选择地教授教科书的全部内容，而是要配合学生的背景及需要、学校与社区的条件，选择、调整或改编教科书的内容，甚至自行编撰，以适应学生的学习需要。

（三）职业教育校本课程开发的模式

职业教育校本课程开发模式是在一定课程理论指导下，依据校本课程开发的规律而形成的，校本课程开发过程中比较系统或稳定的操作程序及其方法的策略体系。建立合理的开发模式是职业教育校本课程开发的关键环节。

1. 建立职业院校校本课程开发的基本组织结构

职业教育校本课程开发，是一个专业教师结合行业发展实践，在不断

总结教学经验基础上的连续地修正完善的过程。从一定角度说，它是全体教师和学生共同探求的结晶。职业教育的校本课程开发要根据行业的发展不断有所改进。它需要大量的市场调研和前沿数据，这些工作不是简单的资料收集和理论撰写。因而，调动一切可以调动的人力，开发和利用一切可能的课程资源，建立由以校级领导、专业处室负责人、骨干教师、行业在职人员等为基础的职业院校校本课程开发的基本组织结构，是必需的，也是必要的。它能使资源的配置和利用达到最大化，也能增强教师间的凝聚力和归属感，只有多股力量的有效结合，校本课程开发才能完整地体现院校的教学本位和以培养符合市场、行业需求人才为目的的教学思想。

2. 开拓和尝试多种行之有效的校本课程合作途径

职业院校独有的办学特点和课程上的实践性与时效性，使得在开发校本课程方面不能闭门造车，要广开思路，寻求多方面的合作途径，如校际的合作。相关院校间相同课程上的合作开发，可以降低课程开发成本，可以利用兄弟院校的资源，学习彼此之间的长处；专家与院校的合作，可以充分借助专家在此领域内的深厚造诣和所获得的全新信息，开发较为前沿的课程，但要避免忽略职业院校本身现状和不足的问题；研究机构与学校院校联合的合作，可以借用研究机构良好的科研设备和专业人员，开发出理论先进、资料翔实的课程，但要考虑课程本身的特点，强调它的实用性和可操作性；教育行政部门与院校联合的合作，是资源最为强大的一种开发途径，它往往能够得到很好的支持，对院校知名度的提升有很好的推动作用；领导与教师合作是目前大多数职业院校所采取的校本课程开发模式，领导及教师对本校的情况最为了解，他们合作开发出的校本课程在一定程度上最适合院校自身的需要。

上述这些校本课程开发的方法不是单一的，也不是固定不变的，而是需要各个职业院校根据实际情况综合考量，选择最合适的开发渠道。

（四）职业教育校本课程开发的策略

校本课程开发的目的是让所有的学校都"动"起来，让所有的教师都"站"起来，让所有的学生都"飞"起来，让所有的教育参与者都"沟通"起来。要成功地开发校本课程，必须注重开发策略。

1. 建立校本课程开发的基地

由于职业教育职教性的作用，校本课程的开发，不仅要在院校内部完成人、财、物三个方面的配置，而且必须与所属行业内的企业密切合作，使之实现资源共享。目前，一些高职院校成立组建了高职教育研究所，来承担这一职能，这个做法是值得借鉴的。

2. 建立课程开发的保障体系

为了保持校本课程开发的连续性，职业院校应实现校本课程开发的规划性，即评价机构的学术化与制度化，以及不受领导更迭影响的相对独立的资源配置制度。

3. 明确课程开发的基本特征

在校本课程的开发过程中，应注重课程的几个方面：①结构性。即所选课程要有一个传递信息的最佳知识结构与话语结构。②一致性。即课程中各种观点的关系要明晰，从一个观点到另一个观点具有逻辑关系。③完整性。课程的每一个单元要实现一个明确的目标。④适时性。即课程要符合与适应现实的知识基础与背景。

4. 明确课程开发的操作流程

在突出应用科学的逻辑性基础上，设计制订出一整套可行性调研方案（提纲），具体包括：学科带头人与团队的组成；课程开发的计划制订；经费的申请、划拨与使用；专业知识所在产业发展、行业界定及政策的研讨；与相关企业的战略伙伴关系及项目合作。

5. 明确课程开发的定位与范型

定位是指行业所需的专业学科、职业岗位群的分布。范型包括问题中心课程范型、技术中心课程范型、训练中心课程范型、项目中心课程范型、体验中心课程范型、证书培训中心课程范型及其他形式。

6. 重视课程开发的方法研究和成果借鉴

制订科学规范的校本课程开发方案，重视综合运用先进实效的研究与分析方法。如行业分析方法（国家、地区层面）、专业设置方法（国家、地区、学校层面）、专业课程开发方法（院校层面）、单元课程开发方法（院校层面）、课程评价方法（国家、地区、学校层面）。又如，在具体科学研究方法上，可以选择综合运用文献研究法、比较研究法、实地研究法、访问研究法、调查研究法、实验研究法、社会网络分析法、同期群与事件史分析法、统计分析法等。

7. 重视课程开发的理论构架

只有通过各种不同的理论流派和学术观点的交流、碰撞与争鸣，才能不断地澄清课程开发中矛盾运动的特点，掌握课程开发中矛盾运动的基本规律，从而推动课程改革健康顺利地开展。这是普教课程开发的一般规律。在此之上，职教的课程开发，还应遵守课程结构，符合人才培养目标的要求，课程的设置落实对职业能力的培养等。其中，应强调的是，在课程开发全过程中重视专业剖析的内容和标准，重视专业设置和专业培养目标。

8. 加强课程开发的学科预见性与超前性

这需要开发者对市场与国家的政策、法规等深入长期地研究与进行战略性的考虑。主要涉及内陆地区与沿海经济发达地区的职业就业岗位比对研究，国内与国外发达国家的职业就业岗位比对研究，对本地区具有地域特色的行业的深入研究等问题。

9. 突出课程开发的创新性与规范性

课程开发的创新性是一项综合性体现。它包括指导思想、体例、专业等诸多方面的创新。同时，也应注意其符合《高职高专院校人才培养工作水平评估》标准的规范性。并且，这种创新的关键在于紧扣市场与敢于打破旧有专业划分的思维惯性与限制。

第四节　现代职业教育课程改革与发展

一、职业教育课程改革的对策

（一）确立课程开发的研究意识

许多人把课程开发简单地理解为编大纲、编教材，而"编"往往又只是"抄"或"拼凑"。同时，又犯了过于关注操作方法，忽视了理念建设的错误。因此，必须改变课程开发的工作方式，把课程理念研究与课程产品开发结合起来，以创造性的设计思维去完成每一步开发工作，着力树立起课程开发的研究意识，努力形成每个专业乃至每门课程的创立理念。

（二）提高对开发成果的精细化要求

职业教育课程开发只有加强精细化，才能增强对每一个环节的开发意识，才能把笼统的要求细化成最终可执行的教学方案。然而，目前许多院校的课程开发多数情况是未能精细地把握某些关键的开发环节，这就必然影响课程目标功能的实际发挥。要改变这种状况，除了按照精细管理思想要求改变工作态度外，还必须加强对课程开发者的优选，在专家引领下通过课程开发提升教师的分析能力。

(三) 加强对课程开发过程的控制

职业院校在课程开发行动之前，要制订详细的课程开发方案，细化课程开发过程，确立每一个环节的质量标准。在课程开发过程中要实施过程控制，努力控制每一个环节的质量。当然，课程开发是一个呈螺旋式的上升过程，情况往往是当教师完成后面的开发步骤后，回过来才能更好地修改先前完成的步骤。因此，加强对课程开发过程的控制，不能机械地理解为只有按要求完成了一个步骤，之后才能进行下一个步骤，而是要清楚地意识到每一步的质量标准。

(四) 建立深度的校企合作机制

课程开发环节和项目体系的建立需要企业专业的深度参与和广泛支持。校企合作项目课程既有模拟项目，也有真实项目。模拟项目只是训练基本职业能力，学生要进一步获得真实的职业能力，还必须依托直接来源于企业的真实项目。模拟项目比较稳定，而真实项目是开放的，二者相互补充，构成了完整的项目体系，形成了学生职业能力发展的完整阶梯。尤其是真实项目，在学生职业能力发展中具有非常重要的价值，是职业教育课程的特色所在，应当予以努力开发。

(五) 创业教育融入课程体系

基于工作过程的课程设计方法，遵循设计导向的现代职业教育指导思想，打破了传统学科系统化的束缚，将学习过程、工作过程与学生的能力和个性发展联系起来，不但重视学生适应工作环境的能力培养，还特别重视构建或参与构建工作环境的能力培养。在课程体系设计中必须贯彻这一理念，而在学习领域中融入创业教育模块是实现这一理念的最佳途径。

总之，在更加科学、系统、精细的层面上构建课程体系，是职业教育课程改革的重要跨越。相对于以打破学科体系为核心内容的初级阶段来说，实现这一跨越的难度更大，也更具实质性。要实现这一跨越，就必须把课程开发与课程研究结合起来。

二、职业教育课程开发的发展趋势

目前，我国正处于推进第三次职业教育课程改革的过程中，特别是基于工作过程的工学结合课程模式，正在成为引领和推动整体性职业教育课程改革的主流模式。同时，在学习先进国家的职业教育理念和课程开发方法的基础上，形成具有中国特色的职业教育课程体系，应该成为职业教育课程改革的发展趋势。

（一）课程导向能力化

从知识本位转向能力本位，从能力本位转向全面素质发展与能力本位结合，是职业教育课程发展的重要趋势。以知识为本位的传统职业教育课程比较注重学科体系的完整性，而课程内容与产业界对劳动力职业能力要求之间的相关性不高，以致常遭产业界诟病，探索一种能够更有效地训练职业能力的课程模式就成为职业教育课程发展的迫切需求。在这一背景下，能力本位教育自20世纪80年代以来，在美国、加拿大、澳大利亚、英国等国家得以迅速推广和应用，从而成为当前世界各国职业教育课程发展的重要趋势之一。

（二）课程目标多元化

随着工业化时代向信息化时代的转变，职业教育课程目标也从单纯地注重培养专门技能和专业能力向注重培养社会适应能力、综合职业能力、创业能力，以及情感、态度、价值观等多种素质相融合的方向发展，并追求工具性、效用性和发展性的价值统一。这种发展趋势必然促成各种课程观的有机融合，使得职业教育课程观逐渐从原先单一的技能型向以综合职业能力为核心的多元整合型发展，呈现出学科本位—能力本位—人格本位的发展态势。这种发展态势说明，当代职业教育课程改革的一个重要指导思想是要把职业教育课程目标由培养单纯的技术劳动者变为培养技术人文者。这一多元整合型的课程观，客观上要求将"以人为本"的思想贯穿在职业教育课程发展的全过程。

（三）课程范围广域化

随着科学技术转化为直接生产力的速度日益加快，且社会职业转换频率的提高使学习者为某一具体职业做准备的传统的职业教育课程模式受到了巨大挑战，终身职业教育理念迅速为世界各国所接受。从学习者个体职业生涯发展的角度来开发课程，成为必然趋势。同时，工作性质的变化，使得当前多数工作的完成不能单纯依靠从业人员娴熟的技能，而必须凭借他们广博的专业基础知识、精湛的解决问题的能力，以及富有团队合作精神的职业态度等职业综合素质。这就要求职业教育必须尽可能地拓展课程内容的范围，注重培养学习者的非专门化技术能力，即关键能力。

（四）课程实施实践化

精湛的职业能力并不是通过理论性知识的学习而获得的，更多的要依赖经验性知识的掌握。虽然，学生在校期间也要通过具体的实训课以获得经验性知识，但这种模拟学习情境毕竟有别于真实职业情境。为此，职业教育在发展上由以学校为本向以校企结合为本的方向转移，相应的职业教育课程实施模式也由单一的学校向以校企结合的方向转移，进而采用由企业与学校合作、生产与教学配合进行的产教结合、双元教学的职业教育课程实施模式。也就是说，职业教育在课程实施上十分重视实践性，用以培养学生娴熟的实际操作技能与快速解决实际问题的能力。

(五) 课程开发系统化

学习是一个终身持续的过程，是使人适应不断变化的过程。终身教育观的确立改变了终结性、一次性的职业教育观。"只有终身学习、终身受教育，才能终身就业"，已成为现代劳动力市场的一条基本规律。在这种背景下，当代职业教育课程开发自然就成为一个系统工程，课程开发的整体性和连续性特征越来越显著。课程开发由现在的阶段单向型渐次转变为连续多向型。在课程设计上，注重不同学科、不同层次内容间的衔接，尽可能地拓宽专业口径，为受训者提供继续学习的接口；在课程结构上，采用弹性化的单元模块式；在课程计划上，富有灵活性和开放性；在课程开发主体上，由企业、学校与行业和其他部门共同开发。

(六) 课程结构模块化

结构模块化是职业教育课程发展的重要趋势，如 MES 课程模式、能力本位课程模式、行动导向课程模式等，在课程开发中都显示了这一特点。"模块"一词最初是建筑、家具、计算机等行业的术语，其内涵有三：它是一个部件、组件，其大小介于整体与零件之间，是整体的基本组成部分；每一个模块本身是独立的，可以将其进行不同的组合；每一个模块都是标准化的，有严格的指标要求，否则，就无法对模块进行不同组合。这三个方面同样也是模块课程的核心内涵。

（七）课程管理弹性化

为适应不断变化的劳动力市场，满足人们接受终身教育的需求，推行个别化教学，职业教育课程管理必须由刚性走向弹性。用学分制替代学年制是实现这一转变的重要手段。此外，在英国、澳大利亚已经得到普遍应用的"对先前学习的认可"，旨在通过建立一个系统、有效的评价过程，正式认可个体已有的技能和知识，而不考虑他是如何、什么时候或为什么会获得这些知识和技能的。当然，这些知识和技能一般不是通过学校的正式学习获得的。

（八）课程评价标准化

职业教育课程评价是以行业的就业标准为依据的，通过确立统一的国家职业资格标准来实现。国家职业资格标准的确立为职业教育课程目标的制定、课程计划的编制、课程内容的选择与组织以及课程评价提供了可遵循的依据。这也意味着职业教育课程评价标准化的形成，预示着职业教育和职业培训的质量评估体系向标准化、全球化的水平迈进，而这种趋势自然要求职业教育课程评价也应该以相关的职业资格标准作为课程评价的依据与准则。

第三章　职业教育的体系和模式

体系，指若干有关事物相互联系、相互制约而构成的一个整体。模式，则是指可以作为范本、模本、变本的样式。体系与模式是对立的统一，体系是实体、是整体，而模式则是这一实体、整体存在和运行的方式或样式。职业教育体系与模式的研究是具有整体性、全局性、战略性的研究，因而其意义和影响是重大的；由于职业教育是一项复杂的社会实践，它与经济社会有着十分复杂的关系，同时职业教育体系自身又是一个十分庞大和复杂的系统，因而职业教育体系和模式的研究又是十分困难的。我们以往对职业教育体系和模式的研究存在两个局限：一是比较重视对职业教育培养体系及其模式自身（以下称其为狭义的职业教育体系和模式）的研究，而比较忽视将职业教育放在社会发展整体中研究更大范围内的职业教育体系和模式（以下称其为广义的职业教育体系和模式），这样做的结果有可能会造成研究的封闭性从而导致局限性。二是比较重视对历史上存在过的和当前正在存在的职业教育体系和模式的归纳和阐述，而比较忽视对这些职业教育体系和模式背后带有必然性的原因做深入的研究，这样做的结果有可能因对"所以然"缺乏了解而导致研究的局限性。为避免可能出现的局限性，笔者认为：一是要从广义职业教育体系和模式的视角去研究体系和模式问题；二是要从形成原因去研究职业教育的体系和模式问题。

第一节　职业教育体系

广义的职业教育体系不仅包括职业教育培养体系，而且包括与职业教育密切相关的社会方方面面与职业教育培养体系相互作用而形成的体系。对广义职业教育体系和模式的研究可以使对职业教育的认识更加全面、更加系统。

广义的职业教育体系主要包括以培养体系为核心的四个基本部分。

一、职业教育需求体系

需求体系是指社会各行各业因对职业教育人才有直接需求而与职业教育培养体系联系在一起的社会组织，包括各类企业、事业单位，是经济社会赖以生存和发展的基本社会组织。需求体系主要通过供需市场与培养体系（或称供给体系）发生联系，具体形式有实体人才市场、网络人才市场、社会组织与培养机构直接联系、订单式培养等。职业教育需求体系中的各个社会组织首先分属于各自所属的各个社会体系中，如工业企业属于工业体系，农业企业属于农业体系，商业服务业企业属于第三产业体系等，那么它们又如何同时属于广义的职业教育体系呢？原因有二：一是当代社会各个系统相互渗透、相互融合，任何一个系统都不可能独立地存在和发挥功能，必须以某一系统为核心将系统合理放大，详细分析影响核心系统的各个方面的因素，将这些因素与核心系统一起作为一个大系统来认识，因此，就职业教育论职业教育是没有出路的。广义职业教育体系中的调节体系、服务保障体系与培养体系等关系也是同理。二是广义职业教育体系的核心是培养体系，即各级各类职业教育学校和培训机构，但仅靠培养体系还无法完成职业人才培养的全部工作：第一，需要与其他社会组织以不同形式联合进行实践性教学活动；第二，学生毕业参加工作后实际上与培养体系也没有完全脱离关系，他们会带回各行各业与职业教育有关的信息，以利于调整培养工作；第三，随着知识经济的不断发展，参加工作的毕业生需要不断地学习以适应不断变化的形势，而母校将会在这一过程中扮演一个比较重要的角色，有些像现代工商业的售后服务工作。

二、职业教育培养体系

这一体系就是通常说的职业教育体系，即狭义的职业教育体系。它主要由各级各类职业院校、培训机构等组成，是广义职业教育体系中的核心部分，是职业教育事业的主战场。

三、职业教育调节体系

调节体系主要由政府调节和市场调节两个部分组成，政府调节系统主要由各级政府教育行政部门等组成，通过法规、政策、规划、财政和其他资源等手段进行调节。市场调节系统主要由各种人才市场组成，自发地调整职业人才的供求关系。现实的调节体系是政府调节与市场调节的统一，政府调节的主要依据是市场，市场调节的不足靠政府弥补。

四、职业教育服务保障体系

服务保障体系指主要为培养体系提供服务保障性工作而又不隶属于培

养体系的社会组织的总和，这一体系对需求体系、调节体系和服务保障体系自身也都有积极的促进作用。服务保障体系主要包括信息沟通系统、科研学术系统、师资培训系统、职业资格考核认证系统、教育教学评价系统以及传播与宣传系统、社会激励系统和社会助学系统等。

对广义职业教育体系进行研究至少可以得到三点启示：第一，职业教育体系实际上是以培养体系为核心的四个基本部分的统一。第二，四个基本部分分工协作，形成全社会范围内职业教育的有机整体。第三，从职业教育系统内的视点看，需从认识和实践上突破各种束缚，与社会方方面面处理好关系，按职业教育固有的逻辑去办职业教育；从全社会的视点看，职业教育是社会大系统中的一个重要的子系统，必须举全社会之力才能办好这项事业。

第二节　职业教育模式

上述广义职业教育体系存在和运行的模式即为广义职业教育模式，它除通常所说的职业教育模式（即培养模式）外，还包括职业教育的供求模式、服务保障模式和调节模式，是四个基本模式的统一。

一、职业教育供求模式

供求模式是需求体系与培养体系联系的方式。在我国计划经济时代，职业教育的供求关系是通过计划管理的方式实现和调节的。计划方式的弊病在于，经济社会是丰富多变的，而计划体制则往往是僵化而滞后的，随着计划经济的退出，职业教育的供求模式也发生了根本性转变。随着社会主义市场经济的初步建立和不断发展,职业教育的供求关系也已初步建立起市场模式,一方面更好地满足了经济社会发展的需求,另一方面也促进了培养体系的发展,这是职业教育供求模式的正确选择。然而同我国正处在不成熟的市场经济阶段一样,职业教育供求的市场模式还不是很成熟,市场的不确定性和短期行为对职业教育也带来了负面影响,如何在尊重市场作用的基础上充分发挥宏观调控的作用,形成相对成熟的职业教育供求市场模式,将是今后的一项艰巨而又不可回避的任务。因此,计划模式、初级的市场模式、相对成熟的宏观调节下的市场模式是我国已经经历、正在经历和将要经历的职业教育的供求模式。

二、职业教育培养模式

从系统层次观的立场看,职业教育培养模式可分为宏观、中观和微观这三个层面的模式,是三个层面模式的统一。

第一,宏观层面的培养模式可以称为办学模式,是指培养体系在职业人才培养过程中为了完成培养任务而与培养体系外的社会组织相互联系的方式。经梳理笔者认为,当前我国主要存在校本模式、企本模式(含行业模式)、双元模式以及近年出现的职教集团模式、职教园区模式(也可称为区域发展模式)五种基本模式。校本模式:指国民学历教育体系里多数初、中、高级职业院校等采取的培养模式,它的特点是学生学习过程以校内学习和实训为主,学制最后半年(长的为一年)至相关的企事业单位实习,实习多为顶岗工作,学校一般不花大的精力去指导实习中的学生。随着培养工作的发展,也涌现了一些职业院校实行学生入学先去相关的企事业单位实习,然后再回到学校上课,毕业前再去实习的培养方式。企本模式:即以企业为主体的职业人才培养模式。主要是存在于大型企业里的培训机构和技术学校的培养模式。这类培养机构主要是为企业内部培养人才，培养过程也是在企业内的培养机构和工作环境里完成的。行业办学实际上是企本制的放大，办学主体是含众多企事业单位的行业，或行业与教育行政主管部门合办。双元制模式：是从德国借鉴来的一种企业和学校双主体互补的培养模式，学生先由企业录取为预备职工，然后在学校和企业轮流学习与实训，学制完成通过考核后企业正式录取。职教集团模式：职教集团是多个职业院校与多个相关企事业单位以职业人才培养为纽带组成的办学联合体，它吸收了校本模式、企本模式和双元制、订单式培养等优点，有利于整合教育资源，优化资源配置，促进校企合作，推动职业教育规模化、集约化发展。职教园区模式：也可称作区域发展模式，它是指将职业教育的发展和建设与区域经济和社会产业结构的发展紧密联系起来，与区域城乡建设和改造紧密联系起来，通过建设职教园区的方式整合职业教育资源，强化职业教育服务区域经济社会发展的培养功能，在这当中把职业教育做大做强，与区域经济社会发展形成良性互动机制。

第二，中观层面的培养模式也可称作入学模式，主要指职业教育培养体系与普通教育培养体系之间以及职业教育培养体系内不同层次之间在学生入学、学制等方面的运行方式。我国实行的入学模式比较单一：普通初中毕业生一部分升入普通高中，目的是升入普通高校，另一部分初中毕业生升入职高，目的是就业，只有少部分中职生以升入高职院校为目的；普通高中毕业生一部分升入普通高校，一部分升入大专层次的高职院校，少量中职毕业生升入高职；少量本科院校毕业生进入职业教育硕士、博士阶段学习，而高职毕业生基本没有可能进入这一阶段学习。这种相对简单和集中的三段式入学模式优点和缺点都比较明显，优点是管理比较集中，操作比较简单，易于施行；缺点是单一、刻板，职业教育与普通教育分割有余，交融不足：学生一旦进入中职学校基本上丧失了继续升学的可能，一旦进入高职院校也基本上丧失了读研的可能；普高生如果考不上高校也基本上丧失了系统地接受职业教育的可能。针对我国职业教育入学模式的缺陷，一些地区和学校进行了许多有益的改革探索，如综合高中制、单考单招制、高职专升本制，还有的在探索含普高、职高和大专诸要素的综合集成制办学等。

第三，微观层面的培养模式可称为教学模式，它是构成课程、教材并开展有效教学活动的特定范式。职业教育的特殊性决定了其教学模式的基本特征：从课程体系看，与普通高中以知识为本和普通高校以学科为本不同，职业院校坚持构建以职业能力为本的课程体系；从教学过程看，职业教育坚持行动导向的教学，即按照职业岗位工作过程的逻辑安排教学活动，在学中做，在做中学；从教学情境看，职业教育的专业教学情境尽量与职业角色工作情境相吻合，教学工作实际上是理论课堂、实训教室和社会实践场所三者有序转换的过程。

从上述可见，职业教育的培养模式是办学模式、入学模式和教学模式三个方面（也是三个层面）的统一，办学模式解决培养方式问题，入学模式解决培养对象问题，教学模式解决培养方法问题。当然，确定培养模式的最终依据是由职业教育的性质决定的人们的职业教育理念。

三、职业教育服务保障模式

职业教育的服务保障体系是以服务职业教育为宗旨的由多个不同社会系统组成的体系，本不存在一个统一的运行模式，但随着社会的发展和职业教育事业的发展，职业教育服务保障体系的运行呈现出一些共有的特征。一是社会化特征，如后勤保障工作社会化、教学评估评价工作社会化、职业资质认定社会化等。二是常态化特征，比如教学评估工作已经形成比较固定的组织定期评估职业院校的教学工作。三是规模化特征，由于职业教育在我国已经占到高中阶段和大学阶段教育的半壁江山，因此职业教育的服务保障体系也开始呈现出规模化的趋势，如职业教育研究机构除国家级、省区级、地市级及许多县级都设立了之外，近些年来众多高等院校都纷纷成立了职业教育研究机构。

四、职业教育调节模式

调节模式从层次上可分为微观调节和宏观调节。微观调节主要存在于培养体系和需求体系之间构成的人才市场，各个职业院校和培训机构根据市场需求去设置和调整不同专业，培养不同类型和数量的职业人才，从人才总量、质量和专业构成上满足市场的需求，政府及其教育主管部门仅从政策、利息、资源等方面给予支持保障，可见微观调节的主体是培养机构和市场两个方面。宏观调节则是由政府、培养体系、市场三个方面构成的。微观调节模式虽然具备灵活、直观等优势，但在我国职教体系和市场发展不完备的条件下，也存在明显的不足，它仅是在职教体系和市场发展比较充分的条件下的一种常态的调节方式。我国处在经济社会还不太发达的阶段，职教培养体系的建设、职教人才市场的培育、在全社会对职业教育的宣传、开展职业教育重大对外合作和交往等方面都主要由各级政府及其教育主管部门推动和支持。此外，宏观调节还有助于克服单纯市场调节带来的短期行为、局部行为的负面影响。要指出的是，宏观调节与微观调节不仅是相互区别更是相互依存的，是有区别的统一。宏观调节的最终依据依然是市场，是整个经济社会发展对职业人的需求，不过这个市场是更加长远、更加广阔的市场。

第三节　影响职业教育体系和模式的主要因素

职业教育的体系和模式实际上就是职业教育的本体及其运行方式，是职业教育中至关重要的问题，我们不仅要"知其然"，还要"知其所以然"。我们知道，经济社会发展与职业教育辩证关系的规律是职业教育的基本规律，经济社会与职业教育之间既有决定与被决定的关系，也有作用与反作用的关系，现实中的职业教育尤其是职业教育的体系与模式是决定论与选择论的统一。

一、社会经济因素的影响

现代职业教育体系的出现是现代工业社会产生以后的事情，在此之前社会还没有完整的职业教育体系，生产知识和技能的传承以个别的、零散的师徒制的方式存在。随着现代大工业登上历史舞台，生产力的巨大潮流荡涤着社会的方方面面，新的社会体系产生了，职业教育体系就是其中的一个方面。总的来说，社会生产力的状况决定着职业教育体系的规模（与社会生产力规模相适应）、结构（与社会生产力结构相适应）、质量（与社会生产力水平相适应）和布局（与社会生产力布局相适应）。社会生产力状况不仅决定着职业教育体系的基本状况，还决定着职业教育的基本模式，即"产学结合"的模式。不同的生产力发展水平决定不同的职业教育具体的培养模式，但不同的具体模式都离不开"产学结合"这个灵魂，这是无法逾越的，逾越了就不是职业教育了，这是职业教育基本规律使然。

二、社会政治因素的影响

社会政治是管理调节社会方方面面的主要因素，它对职业教育的影响必然不可小觑。改革开放后我国经济领域实行社会主义市场经济，政治制度是社会主义民主与法制政治，在建设社会主义的初级阶段，逐渐形成了政府、学校、市场、社会四位一体的职业教育体系，在这一体系里政府起着主导作用。随着社会主义市场经济和职业教育培养体系的不断完善与发展，将来政府的主导作用将更加科学化、规范化和常态化，职教培养体系与市场和社会将越来越焕发出活力，形成在政府宏观调控下，学校（及其他培训机构）、市场和社会万马奔腾、生机勃勃的职业教育大发展局面。

三、社会传统的影响

传统是历史沿传下来的思想、文化、道德、风俗、制度以及行为方式等，对人们的社会行为有无形的影响和控制作用。中华文明具有五千年的传统并且一直延续到现在，这在世界文明古国中是绝无仅有的，她一方面创造出了光辉灿烂的文化，另一方面对人们的思维方式和行为方式有一种潜移默化的影响和控制。在职业教育问题上，这种影响和控制至少有三个方面：一是传统观念中的"官本位"思想使人们普遍地重视公办职业教育机构，轻视民办职教机构，职教体系中重视纵向的行政运作方式，轻视横向的市场和社会运作方式；二是传统观念中重学历出身的思想使人们比较重视国民教育系列中的职业教育机构（具有颁发文凭资格者），比较轻视时间短、针对性强的非学历职业教育；三是传统观念中"重道轻器"的思想使人们在对整个教育体系的认识中，重视研究型大学和普通高中，轻视职业院校和职业高中,进而重视研究型、研发型、工程型工作岗位,而轻视技术应用型、技能型工作岗位。清除文化传统对职业教育的不利影响主要靠两个因素,一是市场经济不断完善和发展客观上会逐渐减弱这些不利影响,二是职业教育充分发挥自己的主观能动性应对这些不利影响,变不利为有利。比如针对重学历出身的观念,是否可以考虑授予高职毕业生副学士学位,扩大本科高职规模,在研究型硕士、工程型硕士外增设工艺型或技能型硕士学位,等等。

四、职业教育自身的因素

如果将上述对职业教育诸多影响因素看作是外部挑战的话,那么职业教育最终的发展状况还要看内部的应战能力,因此,从职业教育系统内的视角看,练好内功是强化和优化职业教育体系和模式的基础。也就是说,从大范围看要举全社会之力兴办职业教育,从系统内看要充分焕发自身活力去推动职业教育发展。

第四节 现代职业教育体系和模式构建与创新

构建完善的职教体系是我国国民经济发展的必然趋势,只有实现中职、高职、本科到研究生之间的有效贯通,才能够构建职业教育人才培养的"立交桥"。本节主要分析了我国职业教育体系构建方面的现状与问题,就如何构建科学、完善的职教体系提出具体的对策。

一、现代职教体系构建的必要性

为贯彻落实《国务院关于加快发展现代职业教育的决定》（以下简称《决定》）精神，国家发展改革委、教育部、财政部等六部委组织编制了《现代职业教育体系建设规划（2014—2020年）》（以下简称《规划》）。《规划》中明确提出到2020年，我国要构建具有世界水平及中国特色兼备的现代职业教育体系，打通中高本（中职、高职、本科）融会贯通的通道，促进中职、高职、本科及研究生等职业教育的协调发展，最终形成完善的具有科学性、可行性的现代职业教育体系，这项工作的实施不仅可以有效地促进我国职业教育的改革，也是我国职业教育事业能够健康发展的重要保障。

我国目前所提出的现代职业教育体系就是指为适应产业结构调整和经济发展方式转变的要求，以终身教育理念为基本宗旨，体现普通教育、职业教育及继续教育的协调发展，满足人们对职业教育的不同需求，打通由中职→高职→本科→研究生的上升通道，完成中高本之间的有机衔接，形成职业教育、普通教育及继续教育并存及融会贯通的现代职业教育系统。

科学完善的现代职业教育体系构建主要依靠各级地方政府、各类职业院校及高等院校的共同努力，具有多元立交、有机衔接、适应需求的特点。多元立交，就是指实现中职→高职→本科→研究生之间的相互贯通，构建职业教育人才的立体化培养；有机衔接，就是指中职→高职→本科→研究生的形式及内涵要真正衔接，在培养目标、培养标准、专业设置、课程体系、校企融合及评价机制等方面有机结合，切实提升人才的培养质量，增强人才的核心竞争力；适应需求，就是指要适应产业的转型及经济发展的要求，根据社会对人才的需求合理布局职业教育，实现职业教育的社会定位。

二、职业教育现状分析

1. 传统文化的影响

中华的传统文化历史悠久，其中儒家的传统思想对国人的影响尤为深刻。即使在当前，大多数中国人的传统思想还是认为"万般皆下品，唯有读书高"，而这里的读书基本上都是指普通教育，并不包含职业教育。重文凭、轻技术现象无处不在，老百姓从心里并不接受职业教育，认为职业院校毕业的学生都是工作在生产一线的蓝领工人，社会地位不高，有了这种思想必然会影响他们的选择。职业教育并没有得到学生和家长的认可，只是认为读个职业学校总比在家里闲着强，甚至有的职业院校学生在职业院校学习一段时间后又退学补习，重新参加下一年度的高考。以上情况导致职业院校的入学率较低，同时在职业院校就读的学生大多也是在中考或高考时考试分数相对较低的学生。形成职业院校的生源质量偏低、招生排序靠后、学习氛围不浓等现象，导致社会对职业院校的整体印象不好。

2. 职业教育的上升通道缺失

应用型本科的设置是职业教育发展的必然趋势，应用型本科应该是我国未来职业教育的主要组成部分，在培养模式上，这些高校将弱化学科体系建设，强化专业建设，培养技术技能型人才。当前我国的职业教育是个"断头桥"，职业教育体系中只含有中职和高职两个层次，培养的是技术技能型人才，学制比较短，无法进行学历学位的提升。目前我国也才开始准备开展应用型本科职业教育层次的实践，政策规划方面还没有涉及专业硕士、专业博士等更高层次的职业教育。当前我国中高职毕业生，选择继续深造的机会较少，大多数学生毕业后就直接进入社会就业，只有很少的学生才有机会选择继续深造,未来的个人发展也会常常受到学历等方面的限制。当然设置应用型本科、专业硕士、专业博士并不是一件一蹴而就的事情,它需要社会各方的努力和投入,而且职教体系的构建是一项系统工程,科学谋划、合理布局、有效转型才是这项工作的关键所在。

3. 中高本的衔接不到位

目前职业教育中,中高本的衔接并不到位,在当前的职业教育实施过程中,不同层次的职业教育在办学定位、专业布局、培养标准、课程体系、教材编制及使用等方面存在重复、脱节、不协调等现象。由于中职、高职、本科各自都是独立办学、各自为政,双方之间没有建立一个共享及协调机制,在培养层次、培养目标等方面相互打架,课程内容几乎相同,同时在课程体系设置方面并没有体现一个循序渐进的过程,学生在不同层次职业院校学习的内容几乎相同,造成职业教育资源的重复浪费,同时也浪费了学生的时间及财力,根本没有体现职业教育育人的层次性、上升性。

4. 职业教育的教育质量偏低

社会经济的发展和产业结构的转型对我国的职业教育产生了极大的需求,我国的职业教育也迎来了前所未有的发展机遇,在为地方经济培养人才、提供服务的同时,职业教育本身也得到了蓬勃发展。一所学校的人才培养质量是其赖以生存的关键所在,相对于普通高等教育来说,我国高等职业教育起步较晚,存在经验不足、师资短缺等问题。我国大多数职业院校的办学模式及培养目标基本一致,专业设置的雷同性比较普遍,都没有形成自己的特色,也没有结合本地经济和产业的特点;同时,大多数职业院校的职业教育办学理念欠缺,在办学过程中仍然存在着重理论、轻实践的现象,办学模式和普通教育几乎没有差别,认为职业教育只是低于高等教育的一个层次;还有一些高职院校最初起步于中职教育,师资队伍力量薄弱,缺乏校企合作的平台,校企合作的深度和广度都有待于进一步加强,加上办学条件较差、设备不足、教学模式陈旧等因素，都会导致职业院校人才的培养质量不高，核心竞争力不足，不能适应地方经济发展和产业结构转型的需要。

三、现代职教体系存在问题的原因分析

1. 社会因素

目前我国大多数的行业企业、学校到社会民众，对职业教育都缺乏正确的认识。客观事实是职业院校的招生顺序在普通院校之后，职业院校由于优质生源的缺乏而导致学习氛围比较差；同时职业学院师资的理论水平及研究能力和普通高校的教师相比差距较大，社会大众也都认为职业院校教师的教学水平远低于普通高校；企事业单位在招聘员工时普遍追求高学历，在员工录用之前的资格审查过程中一般也倾向于选择普通高校的毕业生，通常会将高职院校的毕业生拒之门外，导致职业院校的毕业生就业率和就业质量都偏低，职业院校的学生就业形势比较严峻，职业院校也就成为考生和家长的最后选择。

2. 政府因素

中高本的衔接与沟通是一项复杂的工程，离不开政府的宏观调控与引导，政府要充分发挥其"总规划师"的职能，但是目前在我国中高本衔接和沟通的实践中，政府并没有就政策扶持方面提出更多具体措施。例如，中高本在衔接过程中，在专业设置、课程体系和培养目标等方面没有形成统一的规划和管理，不同层次的职业院校在教材的开发和编制方面缺乏分类设计，不同层次的职业院校所选用的教材在内容及难度上基本雷同，基本没有体现学习的层次性和上升性，既浪费了时间和资源，也使得中高本的衔接和贯通意义不大。

当然在衔接和贯通的实践过程中，仅仅由学校单独来解决问题是远远不够的，这时政府的顶层设计就显得相当重要。首先，政府应制定相应的制度，明确职业资格制度和就业准入制度的重要性及必要性；其次，政府相关部门要加强监督和管理，对不具备上岗就业条件就上岗的现象要进行有效制止和处理；最后，根据地方经济发展的需要及产业结构的特点，政府要组织职业院校、企业及科研机构来设计职业教育的布局及专业设置，形成中职、高职、本科融会贯通的通道。

江苏是一个教育大省，地方政府也很重视对科学的职业教育体系的构建与完善，并且从2012年开始就试点展开现代职教体系的贯通与衔接项目——中高职"3+3"分段培养项目；高职与普通本科"3+2"分段培养项目；中职与普通本科"3+4"分段培养项目；五年制高职与普通本科"5+2"分段培养项目等，现在正在试点高等职业院校与普通本科"4+0"联合培养项目。总之，要实现中高本人才培养的融会贯通，政府起到关键作用，政府的政策是中高本实现贯通的前提和保障，否则完善而科学的职业教育体系构建也难以实现。

3.学校因素

和普通院校相比，我国大部分职业院校的硬件和软件条件都比较薄弱，职业院校基本上都是由普通高中和中专改制而来的，这些改制的职业院校本身就有很多历史遗留问题。首先是职业院校的硬件条件欠缺。职业院校培养的学生是高技能应用型人才，学生的动手能力是人才培养的核心，但是要建设提供给学生开展实践教学活动的场所所需要的资金又比较多，这样就造成了职业院校的设施与设备无法满足教学的需要，严重阻碍了中高本的有效贯通与衔接。其次是职业院校教师的"双师"能力不足。大多数职业院校的授课教师都属于偏理论型的教师，教师基本上都是毕业后直接进入职业院校从事教学工作的，缺乏企业一线的工作经历，实践动手能力较弱。现在很多高职院校所谓的"双师型"教师也仅仅是取得了职业资格证书，并没有实实在在地在一线工作过，缺少行业企业工作的一线经验，在教学中不能灵活地将理论知识与生产实践相融合，缺乏现场教学的经验和能力，学生对教师的认可度也不高。再次就是教学资源缺乏。虽然我国高职院校占据了高等院校的一半天下，但令人们质疑的是目前教学资源的缺乏是一个不容置疑的事实，优质化的教学资源是中高本贯通的核心要素和必要条件。这就要求教育主管部门必须以人才培养的目标为出发点，认识职业教育本身的基本规律，有计划、有目的、有意识、系统地按阶段逐步推进教学资源的建设活动，建立一大批优质的精品教学资源，满足中高本贯通模式下教学工作的需要。最后是人才的培养与市场脱节。各职业院校人才培养方案的制定往往没能深入考虑市场的需求，只顾自己办学，企业和行业的参与度不高，校企融合的深度与广度都欠缺，职业院校培养的人才与企业和社会的需求之间的差距较大。

四、构建现代职教体系的对策

1. 设定连贯的中高职培养目标

构建完善的职业教育体系的关键就是不同层次职业院校培养目标的制定。从事职业教育的相关机构在制定中高本贯通项目的培养目标时，首先要考虑到社会行业对职业教育人才的需求，其次还要考虑到中高本之间衔接和贯通的可行性及持续性。职业院校在培养人才的过程中，作为学校这个办学主体，一方面要考虑到职业教育的社会行业需求，另一方面也要考虑到学生的升学愿望及个人未来发展设计。因此，在构建现代职业教育体系实践中，要依据统一的标准来制定中高本的培养目标，这个统一标准要兼顾职业院校毕业生就业和个人学历上升的双重需要。在具体实施过程中，教育主管部门应该制定相对统一的中职、高职、本科专业目录，保证职业教育培养目标的循序渐进和有效衔接，让中高本贯通有据可依，学生在进入职业教育时就能够对自己的未来一目了然。

2. 加强中高本贯通的内涵建设

在我国职业教育体系的运行过程中，中高本衔接模式其实就是一种学历的提升，和以前实施的专升本、专转本等形式在内涵方面基本上没有本质区别。尽管前期我国政府、高职院校、行业企业在中高本衔接的实践中做出了很多工作，但是我国中高本衔接还仅仅是一种形式上的衔接，也就是简单的学历提升。我国在构建职业教育体系实践过程中，一方面在培养目标上并没有实现真正的衔接，中职在制定培养目标时没有兼顾到高职的培养目标、高职在制定培养目标时没有兼顾到本科的培养目标；另一方面，学生所学的课程内容也没有实现真正的提升，高职院校重复着中职所学的内容、本科重复着高职所学的内容，并没有实现内涵式衔接与过渡。

在中高本沟通体系的构建过程中，为实现贯通的内涵建设，首先应根据中高本的专业大类，在制定培养目标时要兼顾中高本人才培养的层次性、渐进性；其次在课程体系的设计方面，中高本要根据人才培养的基本规律，制定相互衔接的课程标准，确定合理的教学顺序和实施路线，体现由低到高、由易到难的一个循序渐进的过程，避免课程内容的重复与浪费。最后，校企平台的搭建也要体现层次性，中高本学校应根据不同的人才培养目标选择合作企业及校企合作的模式，在选择合作企业时要统筹兼顾，体现中高本毕业生的职业需求。

3. 构建贯通的中高职衔接的课程体系

中高本职业院校所设置课程之间的相互承接是中高本衔接项目能否有效实施的核心和基础。课程衔接的内涵其实就是课程之间的相互分工、相互承接的一种有机结合的状态，课程设置是一项系统工程。首先，应确立一体化职业教育理念。在设计职业教育标准体系过程中，应把职教体系中的中高本作为一个整体来看待，把职业标准贯穿于中高本一体化教学过程中。现在不同层次的职业院校在设计课程体系时都是各自为政，没有相互协调与统一，造成在职业教育体系中的不同层次，学生所学的内容基本相同。其次，科学制定课程标准。通过课程标准来确定课程所应涵盖的内容，明确中职、高职、本科各自培养学生所适应的岗位群，根据岗位群的需求来设计课程内容，这样不同层次的职业教育课程内容就能得以区分。最后，体现课程评价的层次性。在职业教育过程中，要突出职业能力培养的重要性，理论水平和实践能力在考核中要同时占比，同时要改革以往"一考定终身"的模式，采用过程考核和期末考核相结合的方式，并给予过程考核和期末考核不同的占比，来综合考核学生的学习情况及知识与技能的掌握程度，体现考核的科学性和实用性。

4. 构建中高本衔接的通道

一直以来，我国职业院校的学生毕业后大多数都是直接进入社会就业，只有很少数是选择继续学习，所以职业教育通常也被人们看作是"终极教育"。不是说职业院校的毕业生不想继续深造，而是职业教育缺乏一个上升的通道。在我国，职业教育通常被看成是与普通教育并进的另一条平行线，二者无法汇合，若能搭建中高本衔接贯通的"立交桥"，将会改变"终极教育"现象，提升社会对职业教育的认可度和接受度，职业教育的吸引力也会得到加强。但是构建中高本衔接贯通的"立交桥"，首先需要得到学生、家长的认可，其次还需要政府政策的顶层设计、学校积极调整专业、行业企业的支持与合作等。根据发达国家的先进经验，职业教育体系通道通畅的关键是要建立完善的职业资格证书制度和学分互认制度，即职业院校的学生毕业时，在学校修满基本学分，就可以毕业，这时他们既可以选择进入社会就业，也可以选择高一层次的院校继续深造，原有学分继续有效。我国也有学者提出"构建大立交"的设想，即特设专门的快车道：中职→高职→本科→研究生一体化教育，学生进入中职以后，根据其自身愿望，可以完成高职直至本科及研究生教育，这项工作全面展开有一定的难度，政府可以在某些专业、某些院校进行试点与实验，取得效果后再进行推广与实施。

构建完善的职教体系是我国职业教育发展的必然趋势。这项工作需要由政府、社会、学校的共同参与和努力来完成，只有不断地探索与实践，我国的职业教育才能真正地服务于地方经济的发展和产业结构转型的需要，我国的职业教育才能迎来更美好的明天。

第四章 职业教育实践教学管理模式

第一节 国外四大职业教育模式

一、德国的双元制

（一）德国的双元制简介

德国的"双元制"是一种成功的职业教育办学模式，为德国的经济腾飞做出了不可磨灭的贡献，对保证德国劳动者的高素质、产品的高质量，以及德国国民经济在国际上的持久竞争力发挥了非常重要的作用。

所谓"双元"，是指职业培训要求参加培训的人员必须经过两个场所的培训，一元是指职业学校，其主要职能是传授与职业有关的专业知识；另一元是企业或公共事业单位等校外实训场所，其主要职能是让学生在企业里接受职业技能方面的专业培训。所谓"双元制职业教育"就是整个培训过程是在工厂企业和国家的职业学校进行，并且这种教育模式又以企业培训为主，企业中的实践和在职业学校中的理论教学密切结合。

（二）德国双元制的产生

"双元制"职业教育最早产生于1897年，这是因为产生于中世纪的学徒培训制度在19世纪发生了深刻的变化：一是出现了以帮助学徒提高普通基础知识和职业理论水平为目标的职业进修学校；二是出现了它与企业的教学车间共同承担学徒培训任务的萌芽，从而有了校企合作教育产生的基础。

（三）德国的教育体系

德国的教育体系十分完备，大体包括基础教育、职业教育、高等教育和成人教育四大类。职业教育在整个教育体系中占有重要地位，是学生升学就业的主要渠道。学生小学毕业后进行第一次分流，分别进入普通中学（5或6年制，大多数学生毕业后进入职业学校）、文理中学（一般为9年制，为升入普通高校做准备）、实验中学（介于普通中学和文理中学之间）和综合中学（前三类学校的综合）四类学校，从而初步确定了今后就业升学的基本方向，目的性比较明确。初中（5或6年制）毕业后实行第二次分流，根据不同职业的要求、学生及家长的意愿，一部分学生升入文理中学高中部（具备升入高等学校的资格），由于职业学校就业优势明显，大部分学生则选择到职业学校（或企业培训）接受"双元制"职业教育，从而德国职业教育得到大规模发展。

在法律制度上。德国强调了职业教育的重要地位。1969年，德国颁布了《职业教育法》，对就业者上岗前和上岗后的培训（转岗培训）、培训企业和受培训者的关系以及双方的权利和义务、培训机构与人员的资格、实施培训条例的监督和考试、职业教育的组织管理和职业教育研究等，都有明确的规定。《职业教育法》对德国的职业教育起了极大的推动和促进作用。

此后，德国又相继出台了与之相配套的法律法规，诸如《企业基本法》《培训员资格条例》《青年劳动保护法》《职业教育促进法》《手工业条例》

《实训教师资格条例》等,使职业教育真正做到了有法可依、有法必依、违法必究,以法律形式保障了职业教育的管理和运行,促进了职业教育健康有序地发展。在操作上,按照德国职业教育法的规定,严把"就业者必须先接受正规的职业教育"这一关,不经过正规职业培训,不准进入职业生涯。据统计,在实际生活中,95%的就业者遵守了这一法律规则。

(四)德国的"双元制"的本质

德国双元制模式的本质在于,向年轻人提供职业培训,使其掌握职业能力,而不是简单地提供岗位培训。德国双元制模式不仅注重基本从业能力、社会能力而且特别强调综合职业能力的培养,更加注重的是综合职业能力。

德国双元制模式所培养出的综合职业能力是一种跨职业的能力,对他们未来的发展起着关键作用。通过德国双元制模式培训的学生,可以胜任其职业领域里的所有工作任务,而不仅仅局限于某一工作岗位的任务。他们在掌握了业务能力的基础上,还学会大量基础知识以及有实用价值的社会能力,其适应能力就得到了大大的增强,为人生道路作了坚实铺垫。

德国双元制模式不但具有较强的技术鲜明性超前性,而且更注重培养学生的职业道德。通过培训使学生获得宽广的知识技能面,具备较强的社会适应性和市场竞争力。

(五)德国的"双元制"的特点

"双元制"职业教育模式主要具有以下特点。

1. 理论教育和生产实践紧密结合

双元制职业教育培训的学生,绝对是企业所需要的人才。因为双元制职业教育形式下的学生,在整个职业教育中,大约40%是普通教育课程,

60%是专业课程。除了在学校接受最实用的理论知识外，其余大部分时间是在企业进行实践操作技能培训，他们在企业接触到的是当时使用的最先进的设备和技术，培训在很大程度上是以生产性劳动的方式进行的，从而减少了学习费用，并提高了学习的目的性，这样有利于学生在培训结束后快速进入工作岗位。

2. 普通教育和职业培训相结合

德国各类教育形式之间的随时分流是一个显著特点。在基础教育结束后的每一个阶段，学生都可以从普通学校转入职业学校。接受了双元制职业培训的学生，也可以在经过一定时间的文化课补习后进入高等院校学习。近年来，有许多已取得大学入学资格的普通教育毕业生也从头接受双元制职业培训，力求在大学之前获得一定的职业经历和经验。

3. 政府出资和企业的广泛参与相结合

德国约有48万个企业有培训资质，它们拥有自己的培训基地和人员。没有能力单独按照培训章程提供全面和多样化的职业培训的中小企业，也能通过跨企业的培训和学校工厂的补充训练或者委托其他企业代为培训等方法参与职业教育。

在德国的双元制教育中，企业培训起着主导的作用，职业学校只起着配合和服务的作用。而他们的企业培训，则又分为企业内培训和跨企业培训。企业内培训可分为五大类，一是工业教学车间培训，这是企业内培训中质量最高的培训，多数在主要或大型企业中进行，其主要特征是培训与生产过程分离。二是非系统的工业培训，主要在中小型企业中进行。其主要特征是培训与生产过程联系密切，大都在生产车间中进行。三是传统的手工艺培训，其主要特征是培训与生产过程联系最密切，教学全在生产现场进行。四是办公室和服务业的系统培训，通常由大企业或行政机关负责，其主要特征是把职业学校的理论教学与企业或行政机关的实践培训联系起来，增加与实践相关的理论知识的教学比重。五是办公室和服务业的非系统培训，主要在中小型企业和办公室进行，其主要特征是通过实地操作来学习。近年来，德国又兴起了跨企业培训。跨企业培训是由若干个企业联合起来进行培训，也有一些地方当局参与其中，一些职业学校的教学车间也用于跨企业的培训。跨企业培训在各职业领域中的分布很广，而且占有一定的比重。

4. 专业培训和严格考核相结合

在德国，培训是学校和企业的事，而考核，却是行业协会的事。按照《企业基本法》的规定，学生在学校接受理论学习，在企业进行了岗位培训，完成了所学的课程和实践操作任务后，要到行业协会进行资格考试。一般情况下，行业协会指派5人担任考官，对学生进行理论和实践的全面考核。考核合格后，发给资格证书。这种考核办法，体现了公平的原则，使岗位证书更具权威性。

二、北美的 CBE

（一）北美的 CBE 简介

以美国、加拿大为代表的能力本位教育（Competence-based education，简称 CBE），产生于第二次世界大战后。其核心是从职业岗位的需要出发，确定能力目标。通过学校聘请行业中一批具有代表性的专家组成专业委员会，按照岗位群的需要，层层分解，确定从事行业所应具备的能力，明确培养目标。然后，再由学校组织相关教学人员，以这些能力为目标，设置课程、组织教学内容，最后考核是否达到这些能力要求。

它强调以能力作为教学的基础，而不是以学历或学术知识体系为基础，对入学学员原有经验所获得的能力经考核后予以承认；强调严格的科学管理，灵活多样的办学形式。随时招收不同程度的学生并按自己的情况决定学习方式和时间，课程可以长短不一，毕业时间也不一致，做到小批量、多品种、高质量。从而打破了传统以学科为科目，以学科的学术体系和学制确定的学时安排教学和学习的教育体系。以岗位群所需职业能力的培养为核心，保证了职业能力培养目标的顺利实现。

（二）能力本位教育的产生和发展

以强调岗位能力为核心的能力本位教育思想形成于美国的60、70年代。20世纪60年代，在美国的课程改革运动中，人们把对当时教育质量的不满归结为教师的教育教学能力不足。于是要求改革师范教育，提高教师与教学有效性相关的能力。1967年，能力本位教育被提出来以取代传统学科培养教师的师范教育的新方案。这种方案主张将对教师工作分析的结果具体化为教师必须具备的能力标准。到20世纪70年代，能力本位教育思想日渐成熟并开始运用到职业教育和培训中来，并被广泛应用于北美和世界其他一些地区的职业教育和培训中，其中尤以北美盛行。

但当时人们对"能力"本质的理解非常狭隘，是行为主义的，即根据一系列具体的、孤立的行为来界定"能力"，等同于"操作能力""动手能力"，而这些行为往往与一项项被细致地分解的工作任务相联系，其目的在于使能力能够明确地陈述出来。

显然这里的"任务"即"能力"。当人们意识到：一个人即使能够完成已经明确规定的任何细小任务，也不一定就能成为一名成功者时，这种理念很快就被人冷落了。

到了20世纪80年代中后期，能力本位的教育和培训理念重新兴起，并且成为世纪之交职业教育和培训改革的主导理念，这与产业界强烈要求提高劳动者的职业能力相关。当时的企业界普遍反映：现行的职业教育与就业需求不直接相关的现象十分普遍，只注重知识与理论的获得，而非实际的操作能力。认为，受训人员在岗位上所表现出来的实际操作能力才是职业能力的体现。职业能力包括专业能力、方法能力、社会能力等。

至20世纪90年代初，能力本位职教思潮又经加拿大的引介登陆中国。由于能力本位职业教育显著的优越性，它引起了世界范围内的广泛关注，一度成为世界职教教学改革的发展方向和国际上颇为流行的职教改革思潮。

(三) 能力本位教育的基本内容

1. 出发点

能力本位教育以全面分析职业角色活动为出发点，以提供产业界和社会对培训对象履行岗位职责所需要的能力为基本原则，强调学员在学习过程中的主导地位，其核心是如何使学员具备从事某一职业所必需的实际能力。它是以从事某一具体职业所必须具备的能力为出发点来确定培养目标、设计教学内容、方法和过程、评估教学效果的一种教学思想与实践模式。由于各国或各学校对能力本位教育的理解不同，所以在实践中的具体做法也不尽相同，因而能力本位教育在不同地区或机构被视为一种"学习过程的管理""职业技术教育的系统开发计划""课程开发模式"或"教学模式"。

2. 四方面

能力本位教育中的"能力"是指一种综合的职业能力，它包括四个方面：与本职相关的知识、态度、经验（活动的领域）、反馈（评价、评估的领域）。四方面均达到才构成了一种"专项能力"，专项能力以一个学习模块的形式表现出来。若干专项能力又构成了一项"综合能力"，若干综合能力又构成某种"职业能力"。

3. 五大要素

能力本位教育的五大要素：

（1）以职业能力为教育的基础，并以之作为培养目标和教育评价的标准；以通过职业分析确定的综合能力作为学习的科目，以职业能力分析表所列专项能力的由易到难的顺序安排教学和学习计划。

（2）以能力为教学的基础。根据一定的能力分析和确定能力标准；将能力标准转换为课程，通常采用规块化课程。

（3）强调学生的自我学习和自我评价。以能力标准为参照，评价学生多项能力，即采用标准参照评价而非常规参照评价。

（4）教学上的灵活多样和管理上的严格科学。通常采用适应个别化差异的个别化教学。

（5）授予相应的职业资格证书或学分。

（四）能力本位教育的影响与评价

1. 影响

由上可知，能力本位教育最大特点是整个教学目标的基点是如何使受教育者具备从事某一种职业所必需的能力，因此目标很具体，针对性强。为了做到这一点，就必须强化行业用人部门和学校教育部门间的紧密合作。同时，由于在制订教学计划时把各项岗位要求进行系统分析，再组成一系列教学模块或单元，使不同起点、不同要求的受教育者都能根据自己的情况取舍，所以具有很大的灵活性。对沟通职前和职后的培训，正规和非正规教育都有好处。在教学组织管理上也自然突出了个别化的特点。

2. 优势

与传统的职教教学模式相比，能力本位教育具有四方面的优势：能力本位职业教育的教学目标明确，且针对性和可操作性强；课程内容以职业分析为基础，把理论知识与实践技能训练结合起来，打破了僵化的学科课程体系；重视学习者个别化学习，以学习者的学习活动为中心，注重"学"而非注重"教"；反馈及时，评价客观，为标准参照评价。不过能力本位职教思潮的优势特色中也存在着自身的局限性：在教育目的上存在着重视行为、忽视品德的倾向；在教育方法上强调针对具体工作进行培训，使日后的职业迁移性和继续学业受到影响。

3.评价

能力本位思想孕育着一种崭新的教育评价尺度和配置人力资源的重要原则，它不同于传统的知识本位、学科本位的职教价值观，它为职业教育体系改革提供了新的思想动力。在能力本位思潮影响下采用的一些方法的手段，如进行职业分析、按应备能力设计教学内容、发展产学合作的教育形式等也有效地缩短了职业教育与经济发展的距离。尽管能力本位职教思潮日益为素质本位、人格本位职教思潮所取代，但它的基本思想、它对能力的强调至今仍有市场。

三、澳大利亚的 TAFE

（一）澳大利亚的 TAFE 简介

TAFE 是澳大利亚政府直接领导下的技术和继续教育的简称。它是澳大利亚政府为了解决学校人才培养与就业市场之间的接口问题而建立的一个教育体系，是建立在终身教育理念基础上的具有鲜明特色的职业教育制度，旨在为各行业培养有实际工作能力的人才。

澳大利亚的技术与继续教育学院设有 11 所学院，129 所专科学院，共 50 多万名学生和 2 万多名教职工。TAFE 是全国性认可与互通的职业培训教育体制，虽然各州的 TAFE 有它们各自的行政体系、课程设置，但它们的性质和特点是一致的，主要提供专业技能的训练课程，大部分课程都具有实用性。TAFE 的很多课程是与工业团体共同开办的，课程设置根据工业集团的需要开设，以确保提供最切合实际的训练和最新的专业信息。TAFE 所有的文凭资格是全国互通与承认的，专科文凭课程也受到各大学的认可，这些学生在继续攻读大学学位时可以免修部分学分。

TAFE 学院招生没有年龄限制。在澳大利亚，政府鼓励人们不断学习。学生群体中既有十几岁的中学毕业生；也有七八十岁的老人，只要你学习，TAFE 就给你提供一切机会和便利。

TAFE 学院的职业教育和培训种类繁多，为劳动者提供所需技能培训，包括专业、非专业、高级技师、技师及操作员等不同层次。澳大利亚政府规定各个行业中，技能要求高的工作岗位必须持有职业证书才能就业，即使是大学本科以上学历的毕业生，也必须先取得 TAFE 培训相应证书，才能就业。而且在澳大利亚，各行业都有自己的职业标准和相应的培训标准，在职人员都要定期参加相应的职业培训，以便不断更新知识，掌握本行应的培训标准，在职人员都要定期参加相应的职业培训，以便不断更新知识，掌握本行业最新技术和了解本行业的最新发展动态。

（二）TAFE 的机构设置

由于澳大利亚的教育行政体系均由各州管理，所以不同的州在机构设置上也略有差异。一般来说，TAFE 的组织机构分为三个层次：由行业代表为主组成的国家、各州管理 TAFE 的组织机构（国家培训管理局和州教育培训部）及 TAFE 学院院级董事会。国家管理局的成员由教育部部长任命，任期为 3～5 年。由各行业代表为主的国家和各州管理机构对 TAFE 发展过程中的各项重大问题做出宏观决策，进行宏观布局，规定和调整办学方向，如适应就业市场、满足企业需要、争取经费等。院级董事会对学院的办学规模、基建计划、人事安排、教育产品开发、经费筹措等进行研究和做出决策。资金由州政府提供。

(三) TAFE 的培养目标及文凭体制

TAFE 不仅提供职业教育、技术教育、继续教育，还提供高等教育、成人教育和社区教育等。学生层次从中学到本科乃至研究生不等，近年来，由于技术与继续教育的飞速发展，TAFE 还增设了硕士和博士学位课程。学生拿到硕士学位以后，还可以继续攻读博士学位，但硕士课程和博士课程较少。学生拿到高级证书，可直接进入悉尼理工学院攻读学士或更高一级的学位。

(四) 课程设置及培训对象

TAFE 的课程设置可称得上是多样化、灵活化。TAFE 的专业及其课程是根据社会发展、行业需要、社区需求开设的，其中有金融、银行、贸易、商业、信息工程、建筑、旅游、烹饪、缝纫、营销、娱乐、汽修、交通运输、媒体、艺术、室内装潢等，范围之广是任何培训团体所不能比拟的，学生可注册的课程达近千种。每年可为全日制和非全日制学生提供约 450 门课程进行选修，每年有 56000 名不同年龄、不同社会背景、不同国家的学生在 TAFE 注册。课程设置随着行业需求进行削减或增设，如果培养出来的学生不被行业接受，此课程马上停止。课程评估分三个层次进行：课程委员会、注册委员会、国际标准。TAFE 还可依据各行业制定的职业标准和相应的培训标准，派人与企业内专职培训教师共同研讨、制定培训项目，经公司认可后，由 TAFE 照此实施。

TAFE 培训对象包括：中学毕业生、高中毕业生、社会青年、在职人员和非在职人员、残疾人、少数民族、留学生，甚至还为在押犯人提供技培训。培训方式有职前培训、在职培训、脱岗培训、行业培训。

（五）教学模式和评估方式

TAFE 学院的教学模式是以学生为中心，实践第一。TAFE 各学院设有实践课和理论课，但以实践课为主。课堂教学以实践为主，理论为辅。大部分职业培训都是以现场教学代替课堂教学，如参加汽车培训的学员都是在实习场地而不是在课堂进行学习。教师进行现场教学，边讲解边指导，学生根据教师讲解的内容和指导进行实际操作：拆装、修理、安装、喷漆等。缝纫培训的学生操作间和教室设在同一场地，教师讲授完之后，学生可马上进行实际操作，把传授的知识当场用于实践中。学生学习的过程就是实践的过程，实践的过程就是学习的过程。不论是理论课还是实践课，他们的课堂教学模式均是以学生为主体，以实践为主线，以提高实际能力为目标。

TAFE 学院通常都没有固定的教材。课程设置、教学内容、培训专业都是根据地方经济、社会需求、行业需要等设置的，教师根据联邦政府培训管理局和州教育培训部总体规划及评估内容和标准选择教材，调整教学内容。这给各学院极大的灵活性和自主性，同时，学制和学习时间都采用灵活机动的方式，给学员提供了极大的方便。能力培训是 TAFE 职业培训体系的主要特色，其培养目标不在于学生在课堂教学过程中学习了什么，学会了什么，掌握了哪些理论知识，而是学生经过培训后能够做什么。所以对学生的评估不仅仅着眼于学生知识的考评，而更注重实践考核，强调学生的动手能力、实践能力和操作能力。考试一般为现场实际操作。评估者根据其效度、速度、操作中的应变能力等进行全面审核和评估，所以评估过程具有极强的实践性。

(六) TAFE 的主要特色

TAFE 职业教育的主要特色可归纳为以下几个方面：

（1）职业能力为本位的人才培养模式。TAFE 学院着重培养学员职业能力，以便使其较快适应社会职业岗位的需要。

（2）灵活的职业教育体系。TAFE 的课程安排既有阶段性的又有可连续性的，学员可以在不同时期，针对不同需求选择相应的课程，可以通过学分的认证，灵活地在证书、文凭或者提高个人品位等方面自由选择；学生修读 TAFE 课程后可升读有关大学学位课程，承认已修的课程，学分可以转移。

（3）学术资格得到普遍承认。TAFE 学院所举办的各种课程均得到澳大利亚政府的承认，学员按教学计划完成规定课程的学习后，获得职业资格证书和文凭，澳大利亚政府给予承认，同时获得所有英联邦国家的认可。

（4）学员年龄不受限制。学生入学基本上没有门槛，学员年龄分布在 14—70 岁之间，但对证书和文凭的管理很严格。一些本科生为了就业，还重新到 TAFE 学院学习。

（5）针对不同的学习对象和课程类型，采取各种灵活的方式、方法和手段开展教学工作，基本上做到了从以教师的教学为主向以学生的学习为主设计教学模式的转变。

（6）与企业紧密合作。企业帮助学校建设培训基地，提供最先进的设备，负责教学质量评估等，为 TAFE 的发展和确保教学质量奠定了坚实的基础。TAFE 学院为企业培养实用型人才。

四、英国的 BTEC

英国 BTEC 职业教育是一种在中等、高等职业教育和人才培训方面高效性的职业教育模式，在关键技能教育的拓展方面有着卓越的表现和权威性。现在世界上有 100 多个国家采用 BTEC 课程。

（一）英国的 BTEC 简介

BTEC（Business and Technology Education Council）是英国著名的职业资格授予机构之———商业与技术教育委员会的简称，成立于 1986 年。同时，BTEC 也可以作为该机构颁发的职业资格的简称。BTEC 于 1996 年与伦敦考试与评估委员会合并为爱德思 Edexcel Foundation（下文简称爱德思），BTEC 资格证书遂改由爱德思国家学历及职业资格考试委员会颁发。爱德思是英国教育部授权成立、监管的机构，从事学术教育、学历评审以及资格认定等工作。它是国际性教育组织，全球共有 100 多个国家的 57000 所教育机构操作运行爱德思的课程。其颁发的 BTEC 证书被世界大多数国家所认可。

目前英国的 BTEC 课程分为文凭课程（Diploma）和证书课程（Certificate）两类，从级别上分为初级（First）、中级（National）和高级（Higher National）3 个级别。共涉及 9 个大类、上千门专业，涵盖许多实用领域，如设计、商业、护理、电脑、工程、酒店和餐饮、休闲和旅游等。其资格证书通过在学校、学院或大学以及工作场所的学习予以获得。而 BTEC（HND）（HND：Higher National Diploma）属于高级文凭类的职业资格证书，称"英国国家高等教育文凭"。英国很多大学在开设大学本科学位教育的同时，还单独开设 BTEC（HND）课程。BTEC（HND）作为英国国家高等教育文凭在英国的教育系统中具有特殊的地位。在大学全日制学习 BTEC（HND）的学生能够与那些攻读学位的学生得到同样的支持与资金。而 BTEC（HND）具有学习时间短，学习费用少的优势，因此，相当一部分英国家庭经济条件不是很好的学生选择学习 BTEC（HND）课程。在英国的各企业里，他们更希望接收 BTEC（HND）毕业的学生而不愿意接受大学毕业生，因为前者具有直接上岗工作的能力，企业没必要再花费时间和金钱为他们进行上岗培训。

（二）BTEC 职业教育模式的特点

英国 BTEC 职业教育成为世界上具有广泛影响力的职业教育模式，其主要的特点表现在以下几方面。

1. 培养目标明确，突出通用能力培养

"通用"的含义不是针对某一具体的职业，而是从事任何工作的任何人要获得成功所必须掌握的技能，即跨职业的、可变的、有助于终身学习的、可发展独立性的能力。BTEC 明确要求培养学生 7 种能力：自我管理和自我发展能力、与人合作共事能力、交往和联系能力、安排任务和解决问题能力、数字运用能力、科技运用能力、设计和创新能力。通用能力作为 BTEC 证书课程的核心课程，并不采用单独开课的方式，而是落实在所有课程的教学活动中，有计划、有步骤地培养学生。

BTEC 课程教学的最大特点是强调以通用能力和专业能力作为教学的基础、培养目标的成果和评价的标准。这与传统的教学模式强调以学科为中心的、按学科体系来进行知识的传递有很大的不同。

2. 教育理念现代化，倡导以学生为中心

与传统教育相比，BTEC 确立了一种新的教育理念，以学生为中心的核心理念成为 BTEC 管理者和教师的共识。考核发证主管部门在这一指导思想下开发课程、设计教学目标，教师在这一理念下从事教学活动。BTEC 强调学生是学习的主人，强调学生的自主学习，学校应为学生的学习服务。教学过程重视学生的个性发展，鼓励个人潜能的开发。BTEC 的教学大纲、教学方法、"任务法"的考核评估方式以及完善的学习支持系统的建立等都体现出以学生为中心的思想。

3. 教学方法的多样性和创新性

在 BTEC 课程教学实施过程中，强调以学生为中心，采用多种多样的教学方法，如课堂讨论、实践实习、社会调查、实地参观、课业、扮演角色、演讲、口头报告、书面报告、自我评价、小组活动、搜集资料等。BTEC 课程教学活动充分重视学生的学法，在教学方法中，明显突出了学生的主体地位，改变了传统教学中重视教法的模式，其课程教学大纲明确规定了课程的专业能力、通用能力目标和教学时间要求，这里的学时数的安排主要是考虑学生如何学，而不是考虑教师如何教。BTEC 采取以学生为中心的"三个三分之一"的教学组织形式，即三分之一课堂教学；三分之一查阅资料、搜集信息；三分之一社会实践。将理论教学与实践教学、课内与课外有机结合起来，有利于拓宽学生视野，扩大活动空间，加深实践体会，提高学习效果。

4. 师资素质要求高，教师转换传统的"教授"角色，承担"导"的角色

BTEC 课程教学要求教师充分发挥管理、指导、服务、组织的作用。为此，教师必须创新，如编写教材的创新、教学过程的创新、课业评价上的创新等。讲授 BTEC 课程的教师要有一定的教学经验和实际工作经验，开设 BTEC 课程的教师必须经常充实自己，不断提高专业水平和英语教学水平，成为一支专业化的新型教师队伍，为学生提供经得起外部审核、认可的、高质量的专业课程。

5. 考核评估方法独特，以课业为形式，以证据为依据，以成果为标准

BTEC 考核评估的目的是考核学生解决实际问题的能力，主要通过课业的完成过程全面评估学生学习达到了什么专业能力，并测量通用能力的发展水平。所有这些都以成果作为教学评价的依据，而不是以最后的考试作

为唯一考核依据。BTEC以平时课业（如案例研究、作业、以实际工作为基础项目等）作为考核的主要形式，给予课业以举足轻重的地位。

6. 教学质量监控体系完备，内部和外部审核相结合

BTEC课程教学要求学校建立全方位的质量监控体系，采用内审和外审相结合的方式进行监控管理。内审员是学校内部质量的主要责任人，由一线教师或专人担任；外审员由爱德思指定人员担任。其中，BTEC课程教学的内审制度非常严谨，既体现目标管理又体现过程管理。它既有教务管理的职责，又有教研室管理的职责。如果内审员不能履行内审职责，会在外审时暴露出来并且不予通过。通常爱德思每学期将组织专家对学校、教师和学生进行审查考核。如有不足的地方专家将给予指定，对于最终不能达到标准的学校，将会被取消其办学资格。内外结合的方式保证了评价的真实性和可靠性，也确保了教学质量。

7. 统一标准课程，颇具国际通用性

BTEC课程以单元（Unit）为单位。每个专业由若干个单元组成，单元分必修（Core Units）和选修（Option Units），既有统一要求，又能适应不同专业发展方向的需求，非常便于学习者灵活选择。BTEC没有正式的最低入学资格要求，学习者可以连续或间断完成证书所规定的各门课程。通常的学习时间为两年，经考核后可以获得由英国爱德思颁发的HND或ND文凭。

8. 注重市场需求分析，课程具有职业性

BTEC课程内容与职业需求紧密相连，主要表现在：在设置BTEC专业时，要开展市场研究，以明确市场的职业需求；在开发教学大纲时，课程开发专家要以雇主协会制订的职业资格标准为基础；在教学过程中，BTEC还要求将预定单元内容与当地实际情况相结合；BTEC以职业活动为线索来组织自己的课程内容，使得BTEC课程在更大程度上满足职业的现实需求，学生能满足行业企业的实际需求。

（三）对 BTEC 职业教育模式的评价

1. 教育理念的可操作性

BTEC 课程的教育理念概括起来就是"以能力为本位，以学生为中心"。BTEC 课程有了一整套成熟的、可操作的体系，目标非常明确。主要是两种能力的培养，即通用能力和专业能力。这样，BTEC 课程的能力培养相当具体化，对于教师来讲，具有很强的可操作性，相当的务实。

2. 教育过程的透明性

（1）把职业技术教育的专业教学与社会上各种职业及职业活动过程紧密联系起来，从而使教育过程有利于企业、社会的参与，职业教育成果也便于社会检验。

（2）BTEC 课程的透明性表现在它的教学文件、设备资源都有详细的计划、说明。

（3）在人手一册的学生手册上会告知他们所享有的权利和相应的服务，有关课程内容的说明，以及成绩的评定标准是什么学生都一清二楚，甚至对教师给的成绩不满的申诉过程都会有详细的解释。

3. 教育评价的科学性

BTEC 课程教育评价的最主要途径就是对课业的完成情况进行成绩评定。成绩分成优、良、通过、重做四种。在评价标准上 BTEC 课程坚持客观性与开放性。客观就是指解决问题的过程。如资料选择得可靠、实用，解决方法的设计合理，有独到见解；开放就是指评价标准是相对的。这样能够给学生充分的发展空间，正因为没有绝对标准，也就不会有顶峰和止境，激励学生奋发向上。

第二节　我国现代职业教育体系框架的建立

随着科学技术的发展以及新型工业化的推进,现代职业教育体系越来越成为国家竞争力的重要支撑。为适应经济社会发展的需要,满足人民群众多样化职业教育需求,我国已初步形成了由初等、中等、专科、本科到研究生的有机衔接;普通教育、职业教育、继续教育相互沟通的现代职业教育系统。按照终身教育的理念,形成服务需求、开放融合、纵向流动、双向沟通的现代职业教育体系框架,基本实现了教育部发布的现代职业教育体系建设规划。

一、职业教育的层次结构

(一)初等职业教育

在有需要的地方继续办好初等职业教育学校。各类职业院校、培训机构和用人单位内部开展实用技术技能培训,使学习者获得基本的工作和生活技能。

(二)中等职业教育

中等职业教育在现代职业教育体系中具有基础作用,为初高中毕业生开展基础性的知识、技术和技能教育,培养技能人才。中等职业教育是职业教育发展的重点,在今后一个时期总体保持普通高中和中等职业学校招生规模大体相当。

(三)高等职业教育

在办好现有专科层次高等职业（专科）学校的基础上，发展应用技术类型高校，培养本科层次职业人才。应用技术类型高等学校是高等教育体系的重要组成部分，与其他普通本科学校具有平等地位。高等职业教育规模占高等教育的一半以上，本科层次职业教育达到一定规模。建立以提升职业能力为导向的专业学位研究生培养模式。根据高等学校设置制度规定，将符合条件的技师学院纳入高等学校序列。

二、职业教育的终身一体

(一)职业辅导教育

普通教育学校为在校生和未升学毕业生提供多种形式职业发展辅导。普通高中根据需要适当增加职业技术教育内容。职业院校和普通教育学校开展以职业道德、职业发展、就业准备、创业指导等为主要内容的就业教育和服务。

(二)职业继续教育

各类职业院校是继续教育的重要主体，通过多种教育形式为所有劳动者提供终身学习机会。企事业单位举办职工教育，建立制度化的岗位培训体系。社会培训机构是职业继续教育的重要组成部分，依法自主开展职业培训和承接政府组织的职业培训。

(三)劳动者终身学习

增强职业教育体系的开放性和多样性，使劳动者能够在职业发展的不同阶段通过多次选择、多种方式灵活接受职业教育和培训，促进学习者为职业发展而学习，使职业教育成为促进全体劳动者可持续发展的教育。

三、职业教育的办学类型

（一）政府办学、企业办学和社会办学

建立政府、企业和其他社会力量共同发挥办学主体作用，公办和民办职业院校共同发展的职业教育办学体制。政府实行统一的准入制度，办好骨干职业院校，支持社会力量办学。各类主体兴办的职业院校具有同等法律地位，依法公平、公开竞争。

（二）全日制职业教育与非全日制职业教育

增加非全日制职业教育在职业教育中的比重，发展工学交替、双元制、学徒制、半工半读、远程教育等各种灵活学习方式的职业教育。通过改革学制、学籍和学分管理制度，实现全日制职业教育和非全日制职业教育的统筹管理。

（三）学历职业教育与非学历职业教育

职业院校同时开展学历职业教育和非学历职业教育，满足行业、企业和社区的多样化需求。职业院校和职业培训机构开展的非学历职业教育可以通过质量认证体系、学分积累和转换制度、学分银行和职业资格考试进行学历认证。

四、职业教育的开放沟通

（一）职业教育体系内部

系统构建从中职、专科、本科到专业学位研究生的培养体系，满足各

层次技术技能人才的教育需求，服务一线劳动者的职业成长。拓宽高等职业学校招收中等职业学校毕业生、应用技术类型高等学校招收职业院校毕业生通道，打开职业院校学生的成长空间。在确有需要的职业领域，可以实行中职、专科、本科贯通培养。

（二）职业教育与普通教育

建立职业教育和普通教育双向沟通的桥梁。普通学校和职业院校可以开展课程和学分互认。学习者可以通过考试在普通学校和职业院校之间转学、升学。普通高等学校可以招收职业院校毕业生，并与职业院校联合培养高层次应用型人才。

（三）职业教育与人力资源市场

职业院校按照经济社会发展的需求确定人才培养的规格层次、专业体系、培养方式和质量标准。畅通一线劳动者继续学习深造的路径，增加有工作经验的技术技能人才在职业院校学生中的比重，建立在职人员学习—就业—再学习的通道，实现优秀人才在职业领域与教育领域的顺畅转换。

第三节 当前高职教育实践教学存在的问题

一、高职教育实践教学的初步成果

随着我国高职教育的不断发展，高职院校积累了一定的办学经验，也进行了诸多实践教学管理模式的改革，实践教学管理意识不断增强，取得了不少阶段性的成果，主要体现在以下几个方面。

（1）制订较高水准的人才培养方案，明确实践教学课时、教学内容、教学手段、教学方法。

（2）初步将实践教学管理与职业资格证书中所包含的职业素质相衔接。

（3）结合具体情况，制定整合实践教学管理制度，对人、财、物全面管理，管理意识不断强化。

（4）开始重视实践教学质量监控。

（5）成立专门化实践教学管理部门。

二、高职教育实践教学存在的问题

虽然，目前我国高职教育发展取得了令人瞩目的成就，但我国实践教学管理与发达国家一百多年职业教育管理相比在管理理念、管理模式、管理方法等方面仍有明显差距。比如国外高等职业教育对实践教学管理不仅早已应上升到系统的课程管理，而且已经把管理学中系统论、控制论等相关原理引入实践教学管理中，确立了涵盖全部实践教学环节的全方位的质量管理体制。而我国高等职业教育起步晚，实践教学相比理论教学更面临诸多问题。

主要有以下几个方面：

1. 实践教学管理组织机构设置不够合理

通过对部分高职院校的实地调研和对其校园网站上相关资料进行分析得知，在实践教学管理中，高职院校目前普遍采用的是统一管理的实践教学管理模式。高职院校教务处设立专门的实践教学管理部门，负责校内外实验实训教学管理，制定学院实践教学管理规章制度以及各项实践教学管理工作，如校内外实验实训教学管理、毕业设计管理、实验室与校内外实训基地规划与建设工作等。

组织机构的设置相对简单，缺乏学院层面的统筹和统一管理，没有形成自上而下的独立的实践教学管理组织体系，使得教务处在开展实践教学活动时常力不从心，与教学部门沟通和协调不畅。

在学院层面，没有专门负责实践教学的机构，个别院校即使设置了校企合作办公室，在实际的运行过程中极少参与学院实践教学活动，形同虚设；在教学系部层面，大多数教学系部尚未将实践教学的管理从系部教学中分离出来，没有专门负责实践教学管理的部门，这种管理的混乱也给教务处的实践教学管理带来了一定的困难。

2. 实践教学管理制度不够完善

制度是指实现某种功能和特定目标的社会组织乃至整个社会的一系列规范体系。实践教学管理制度是为实现实践教学目标而制定的一系列规范体系，建立实践教学管理制度的作用在于通过对实践教学过程的各个环节人、财、物的激励与约束，保障实践教学的顺利开展。

从高职院校实践教学管理来看，学院制定了部分实践教学管理制度，如《实践教学经费管理办法》《顶岗实习管理暂行办法》等，但缺乏针对校内外实训基地的管理、学生实验、实训教学管理、实习教学管理、实践教学的考核与成绩评定、实践教学的档案管理，以及实践教学师资管理等一系列具体而完整的实践教学制度体系。即便有些学校在课程、教学、师资、实习实训方面有规章制度，但对于制度的合理性、可行性方面的研究较少，有些只是建设性的意见，缺少执行力。这些问题导致了实践教学管理的混乱和无序。

3. 实践教学的教学过程管理薄弱

在工学结合人才培养模式下，高职院校的实践教学管理难度加大，尤其是实践教学环节的过程管理、考核与评价等，面临着诸多难题，部分学生在工作岗位上的实习内容与在校学习的教学内容不同，甚至存在部分学生所从事的实习工作与其专业不对口的情况，各高职院校普遍缺乏独立的实践教学质量考核评估体系，实践教学质量监控处于低水平。

4. 实践教学场所职业氛围不浓

工学结合的教育模式需要把"真实的工作"和"实践教学"真正地联系起来，把它与课程改革、实训基地建设、师资建设等结合起来，使学生现在的学习和将来的工作只不过是换了一个地方而已。目前部分高职院校的校园内外实践教学场所职业氛围不浓，校企合作的深度不够。

5. 思想和观念相对落后

部分高职院校实践教学思想和观念还相对落后，对于实践教学管理思想观念的转变也非常滞后。一方面，高职院校受传统办学模式的影响，存在对实践教学在高职教育中的意义缺乏足够的认识，总是跳不出传统的以学科为中心的教学模式的框架，对于实践教学管理更是没有摆到应有的地位，严重影响了高职院校人才培养的质量。另一方面，高职院校的管理方式仍受到普通本科院校的组织结构影响。高等职业教育与普通本科教育相比，其培养目标的职业性、教学过程的实践性，特别是教学资源需求的开放性决定了高职业院校不能简单地移植普通本科院校的组织结构。高等职业院校必须面对企业、市场进行广泛服务，才能提高竞争能力。因此，必须根据高职院校培养目标和教学特点，构建符合实践性和开放性需要的实践教学管理机构。

三、高等职业教育实践教学模式改革办法

高等职业教育人才培养的目标定位是以服务发展为宗旨，以促进就业为导向，培养数以亿计的高素质劳动者和技术技能人才。高等职业院校应紧紧围绕这一目标，结合学院发展现状和办学特色，遵循职业教育的教学

规律,加强实践教学,努力提高学生的实践动手能力和创新意识。加强对学生实践能力的培养有助于学生更好地适应当地社会经济发展对人才的要求,有助于提高学生的创新创业能力,也有助于提高职业院校的人才培养质量,能够更好地为地方产业转型升级服务,符合时代发展的要求。目前,针对高等职业教育实践教学存在的共性问题,谈谈对实践教学模式改革的思考和探索。

(一) 树立可持续发展的高职教育教学理念

实践教学是我国高职教育实施的核心和关键,是实现高职教育人才培养的重要途径。随着社会主义市场经济发展及产业升级转型等对人才需求的变化,高职教育在整个高等教育体系中发挥的作用越来越大。当前正值国家大力推进高等职业教育发展的大好时期,高等职业院校应该紧紧跟随高职教育的发展形势,不仅要更新观念、提高认识,更要解放思想、积极冲破传统的教学模式,在教学体系的建立中将实践教学的地位和理论教学摆在同一个高度。在高职教育的整个过程中不断转变教育思想观念,从而保持教育管理思想的先进性、科学性,坚持与时俱进,不断创新改革高等职业教育模式。树立可持续发展的高职教育管理观念,持续提高职业院校人才培养质量,为实现国家经济社会发展转型提供有力的技术技能人才支撑。

(二) 组建职责明晰的实践教学管理机构

实践教学管理机构的顺畅运行是高职实践教学模式改革的基础保障,这就要求实践教学管理机构具备职责明确和结构清晰的基本特征。根据高等职业院校开展实践教学的特点,应该建立以学校统筹、院系组织和实训中心实施的三级组织管理机构。实现实践教学分级管理、明晰职责、重心下移的教学运作管理体系。在学校统筹层面，以教务处下设实践教学科负责组织全校实践教学计划的制订，统筹校内外各院系实践教学资源的优化配置，制定校内外实训教学管理原则，督查各院系实训教学计划的开展情况及质量监控与考评等；在院系组织层面，各院系主任亲自主抓实践教学的整体规划和管理，结合各院系实际情况合理调配师资人员和教学设备，加强实践教学环节的组织，根据教务处提出的实践环节教学标准，创造性地开展实践教学模式改革，提高实践课程的开出率和实训资源的利用率；在实训中心实施层面，各实训中心是最基层的实践教学单位，具体实施实践教学模式改革的各项要求。实训中心主任直接管理和监督实践指导教师的教学工作，组织同行进行听课和检查，对实践教学的教学状况进行质量评价，促进实践指导教师教学水平的提高，从而形成以教务处负责从整体上统筹管理、院系负责组织协调、实训中心负责执行的科学、规范、责权利相统一的管理模式。

（三）建立完整的实践教学内容体系

构建一套完整有效的实践教学内容体系是全面提高实践教学质量的基础保障，也是探索实践教学模式改革的一项基本措施。构建实践教学内容体系要紧紧围绕各专业人才培养目标和结合职业技能鉴定标准，制订各专业人才培养方案，既要遵循学生认知发展的基本规律，又要体现各专业实践技能构成及要求，平均各专业实践教学比例应该占到总教学计划的60%以上。根据制定的人才培养方案，要求实践指导教师编写实践教学大纲，对每个实践教学环节、项目化的教学目标、要求和教学形式等进行规范化。在开展实践教学工作中根据教学效果不断对实践教学大纲进行更新调整，充分利用先进的信息化教学手段，增加最新的技能操作知识，建立完整的实践教学内容体系，促进高职教育人才培养质量的提高。

（四）建立科学的实践教学评价标准

实践教学评价体系是对实践教学过程、实践教学组织、实践教学质量、实践教学效果实行全面评价。出台一系列规章制度和管理细则，包括实验室工作质量考核条例、实验课程质量评价体系和教学质量监控制度、教学优秀奖励制度和教学改革管理办法等。鼓励学生对教师进行评价，通过实行领导和督导考评、同行互评、学生考评的全方位实践教学质量评价办法，反馈实践教学质量，保证实践教学管理的有序性和有效性，对实践教学工作进行有效调控。

高等职业教育实践教学模式的改革是一项系统而又复杂的工程，高职教育与其他类型、层次的教育相比更要强调实践性，这既是高职教育的教学特点所在，也是培养技术技能型人才的基本保证。只有把实践教学管理放在首位，才能充分发挥实践教学在提升学生能力素质方面的作用。尽管在实践教学模式的改革各环节中已经摸索出大量成功经验，但由于高职实践教学模式改革复杂而多变，所以，高职实践教学模式改革的其他理论与实践问题还有待进一步研究和探讨。

第四节 高等职业院校育人管理模式

随着社会经济的不断建设与发展，当今社会对大学生的专业素养要求及思想政治水平的要求也在不断提高，很多缺乏社会实践及渠道的大学生在毕业后就面临着失业的风险。作为人才培养基地的高等职业学校也随之迎来了巨大的挑战，为了让大学生更好地适应新的社会环境，高等职业学校必须积极根据当前社会对大学生的需求来确定合适的育人模式。一个合适的、科学的育人模式对于人才质量的培养及教学效果的保障，有着至关重要的意义。

如何创新性地全方位地提升大学生的职业精神及技术技能水平，创新育人模式，同时为了更好地实现中华民族的伟大复兴，如何奠定雄厚的人才基础，便成了高等职业院校面临的重大课题。

一、高等职业院校普遍的育人模式

（一）工学结合模式

（1）工学结合是一种专门增强大学生综合素质、实践技能及提高就业竞争能力的育人模式，其重点在于将学校课堂、企业用人单位、实训试验基地中各自对人才培养的优势进行结合，达到最大化的人才培养效果，能充分地将学生在学校课堂上学到的各类知识运用到企业实习及实训中，并在企业实习与实训中获得新的知识，从而达到提升学生全面能力的效果，使学生成长为一名高技术、高素质、经验丰富的劳动者。

（2）工学结合育人模式与传统教学模式相比，它是以学生为行动主体，以学校和企业用人单位为教育主体，有着工作学习齐头并进、明确目标导向、顶岗实习、生产与学习融为一体等特点，侧重实践，以明确任务为行动方向，以实践实训为主要教学形式，以加强学生主观能动性为主要目的，是一种强调教育、学习、行动融为一体的育人方式。

（3）工学结合的育人方式虽然效果好，但对于学校的要求也很高。如今，许多高等职业院校在教学实践环节，多以书面上的例子来进行验证及模拟，这种模式极度缺乏真实性，学生难以产生学习兴趣，对学习的积极性和主动性不够强烈；加上部分任课教师都是毕业后直接上岗的，本身就缺少实践经验，难以起到有效的实践分享效果。工学结合还对企业用人单位的需求很高，需要高校与企业用人单位紧密结合，没有大量的企业用人单位资源，工学结合模式便难以开展，因此，工学结合模式虽好，但相对应的要求也高，难以普及。

（二）订单式模式

（1）订单式育人模式是一种以企业用人单位为主体，学校根据企业用人单位需求来组织培养相应人才，实现产销连接、对口培养的一种模式。订单式人才培养是一种十分复杂的模式，企业用人单位的多样性，导致该种模式变动性极大、涉及因素多，其根本在于高等职业院校与企业用人单位共同培养人才，根据市场需求和学生自身专业能力，以高等职业院校为桥梁构成的联系来服务经济建设。

（2）订单式育人模式与传统模式相比较，优势在于高就业率，因企业用人单位全程参与人才培养，所以也具有很强的针对性，高等职业院校与企业用人单位双方同时选拔学生，结合双方有效资源来进行人才培养、评价考核，最后录选合格人才到企业用人单位就业。这种针对性的培养模式，其人才培养的方向、目标及规格一般由校企双方共同商定。

（3）订单式育人模式也有着很大的局限性。

首先，高等职业院校必须有与时俱进的办学理念，根据市场需求能准确地对学生开展针对性的培养。

其次，对于地方企业用人单位的支持需求也很高，高等职业院校对地方企业用人单位的认知程度必须全面，同时还要全面地了解当地经济与产业结构，这样才能将人才灵活调度。

最后，因企业用人单位市场的多样性，订单式育人模式的教育也要多样地开展，所以对实行订单式育人模式的高等职业院校，其基础条件要求比较高，因此，订单式育人模式很难推广运用。

(三) 三位一体模式

（1）三位一体育人模式就是将人才培养规格融合知识、能力、素质三位为一体，人才培养内容融合通识能力、专业基础能力、专业发展能力三位为一体，人才培养途径融合课堂教学、实验实训、校园文化活动三个培养平台为一体。

高等职业院校实行三位一体模式以党和国家的教育方针为核心，带领学生面向社会、市场及就业，根据当前社会主义市场经济背景下的教育思想、经济发展、价值观念、社会进步的实际需求来培育学生。

该模式以学校对学生的知识教育为主导，以企业实习教育为载体，从事社会实践活动为辅助，将学校、企业和社会三个学习场所进行结合，彼此交融，将学习资源最大化地利用起来。通过学校开展理论教学、在企业中进行实践教学、从社会活动中获得评价从而知悉自身水平，培养出有道德、有理想、有文化、有纪律、实践能力强的全能型高技能专业人才。

（2）三位一体育人模式与传统模式相比，在理念上更贴近党和国家的教育方针，是一种坚持以高职教育为社会主义现代化建设做贡献，将人才投入人民群众中去为人民服务，将社会实践与发展相结合，从而全面提高大学生各项素质的育人模式。

该模式将学校、企业、社会三个办学主体合一，坚持以开放性、多样性为育人原则，同时在育人机制上，体现出了符合新时代我国高等教育以提高就业率为导向、以服务人民群众为宗旨、以提高大学生自身能力为旨要的基本规律，是现今最理想的高等职业院校育人模式。

二、高等职业院校育人模式的特点

（一）普遍特点

（1）育人模式是将教学的理论知识和实践知识运用到社会生活中的一种形式，是为了将学生培养成理想人才的重要环节，是高等职业院校通过将教学内容传输给学生，然后以学生步入社会实践当中获得的成就为依据，总结出的一套相对稳定的运行框架，高等职业院校在根据实践进行总结后，不断地将自身育人模式进行更新，因此，高等职业院校育人模式拥有不断创新的特性。

（2）高等职业院校的育人模式由多方面内容组成，多项因素彼此相互促进、相互制约、相互影响，形成一个具有综合性特质的框架。且育人模式是教学理论及社会实践相互验证后的产物，随着社会的不断发展，育人模式更新换代速度快，但目的仍然是加强人才培养，为社会发展做出更大的贡献。

因此，根据社会对人才的不同需求，分为不同的育人模式，如侧重人才素质培养理念、侧重人才专业培养理念、侧重教学制度体系、侧重实践教学，说明高等职业院校育人模式还具备多样性的特性。

（二）独有特点

（1）高等职业院校是我国教育事业的重要组成部分，主要肩负着为国家培养生产、服务、建设及管理等方面的专业技能人才的使命。

不同于本科院校育人模式侧重于理论知识系统教学，高等职业院校育人模式更重视与社会接轨，为社会输送大量第一线高技能专业人才，侧重于学生的职业素养和技能培养，其育人模式更具有鲜明的职业性特征。

（2）高等职业院校以培养实用型技术型人才为主要目标，其知识以能用、实用的专业知识为主，这类知识更侧重于实际应用，根据实际需要，与实际相联系，与生产和社会需求相结合。因此，高等职业院校育人模式相较于本科院校而言，其特色便是实践性和应用性。

三、高等职业院校育人模式存在的问题

（1）高等职业院校的发展历史相对于普通本科院校而言，发展的时间短很多，理念上还不太成熟。又因高等职业院校侧重于为社会培养第一线的高技术人才，因此更关注学生的技能培训和就业率，对于学生的心理健康及人文精神培养方面力度有待加强。

（2）教师队伍的建设有待加强。在高等职业院校中，大多数教师的实践工作时间偏少，特别是青年教师更是缺乏专业的实践经验和必要的专业技能。有经验有技能的骨干教师和有专业教学能力的教师人数不足以支撑整个高等职业院校，因此师资力量是高等职业院校必须重视的一环。

（3）高等职业院校的学生关于就业的观念不够科学，大部分学生不能明确地认识到自己所学专业与就业岗位之间的关系，不能明确地了解自身对于社会发展的重要性。

高等职业院校育人模式，是经过多年教学理论与社会实践相结合的产物，重点在于对学生进行专业性能、社会实践经验的培养，根据不同的社会经济发展需求，育人模式永远是高等职业院校重要的课题。在保障高等职业院校育人主体的前提下，对于学生的人文教育、心理健康建设也不能放松，为社会运输人才是根本，培养全面型人才是基石。

第五章　现代职业教育的师资队伍建设

第一节　职业教育的师资概述

职业教育同普通教育的根本区别在于，它是为社会培养应用型、技能型技术人才和高素质劳动者的教育机构。职业教育办得是否有特色，能否为经济建设和社会发展培养出既懂理论又会操作的高、中、初级人才和新型劳动者，关键是要建立一支数量足、质量高、专兼结合，以专为主，比较稳定的双师型教师队伍。

一、加强师资建设的意义

（一）加强师资建设，是推动教育事业科学发展的根本途径，是构建现代职业教育体系的关键

教师承担着全面贯彻党的教育方针的重大职责，肩负着办好人民满意的教育重要使命。建设一支结构合理、素质优良、业务精湛的可持续发展的师资队伍，对办好职业院校，教好学生，全面实施素质教育，全面提高教育质量具有重要意义。

现代职业教育体系的根本目的在于形成一个支撑现代经济社会发展的人力资源结构，因此，加强职业教育师资队伍建设，就成了现代职业教育体系的关键因素。目前，我国职业院校教育师资队伍数量不足，特别是双师型教师数量缺口较大、培养培训体系薄弱等问题依然存在；还不能完全适应新时期加快发展现代职业教育的需要；与建设现代职业教育体系，全面提高技能型人才培养质量的要求，还有一定差距。

（二）加强师资建设是职业教育改革创新和发展的内在需求

职业教育规模的迅速扩大和发展速度的加快，社会对技术人才要求的提高，以及高学历化的趋势增加，新型的职业教育院校的应运而生，都需要职业教育师资队伍不断地充实和提高，来适应职业教育本身发展的需要。现代职业教育服务于现代产业，要求职业教育不断优化专业结构，促使专业与产业、职业岗位对接，并不断地适应满足经济建设发展、经济结构不断调整和完善的要求。职业教育师资队伍的建设，只有适应这种调整和变化，适应经济发展的需要，才能为经济建设培养出合格的技术技能人才。

职业教育的职业性和中、高职衔接贯通以及教育"立交桥"的建立，使得职业教育的层次结构不断完善。终身教育理念要求职业教育还要兼顾职前、职后教育与培训机制，这就需要大量的职业教育师资。因此，我们必须加快建设职业教育的师资队伍，满足职业教育发展的需要。

二、职业教育师资队伍发展的特点和内涵

（一）特点
1. 专业化
职业教育要求教师除具备科学先进的教育理念、丰富系统的理论知识、

娴熟的教育教学技能、优良的伦理道德与健康的心理素质之外，还必须成为本专业领域理论与实践的行家里手，形成教学专长和职业专长。

2. 动态化

职业教育要求教师必须适应职业教育的动态发展需求，在拥有个人专业发展的自主性的同时，要适应现代职业教育体系的构建需要和面向人人教育的要求，做好自我发展和提高，满足双师型教育的要求。

3. 职业品质个性化

强烈的求知欲、浓厚的学习兴趣、敏锐的观察力、创造性的教书育人、个别化的科学研究，以及理智感、自尊感、自信心等职业个性品质和体现时代精神的教育理念，多层次复合型的知识结构与教育教学能力，都是现代职业教育教师应具有的个性化特点。

4. 连续性与阶段性有机结合

师资专业化发展是一个持续不断的过程，也是一个发展的概念；同时，它既是一种状态，又是一个不断深化的过程。教师职业成熟是一个漫长的、动态的、纵贯教师职业生涯的历程，体现出螺旋式上升趋势和发展阶段的连续性与阶段性有机结合的特点。总之，职业化师资队伍建设是一个持续发展的以专业化为目标和归宿的动态过程。

（二）内涵

对于职业教育师资的发展，国际社会普遍认可的是双师型的发展模式，即不仅具备普通教师的基本职业素养，同时，也具备职业精神、素质道德和技术技能。双师型发展策略是职业教育师资队伍发展过程中的内涵体现。双师型教师是素质教育背景下产生的一个重要发展目标。教师在教学过程中，不仅要掌握各种基本的理论知识，还要有一定的实践教学能力；教师不仅要能够从事专业的教学活动，同时，也能够从事相关的实践活动，能够对学生进行实践教学；对于教学过程中存在的各种问题，能够积极发现并且解决它；能够通过扎实的基础知识和教学中的实践特点，培养个人的职业道德和职业精神，形成教师队伍的发展内涵。

第二节　职业教育教师的素质结构

职业教育教师的素质结构，是指职业教育教师所具备的各项素质要求，以及它们之间稳定的联系方式。职业教育教师要使自己的作用发挥到最佳状态，就必须具有合理的素质结构。

一、良好的身心素质

良好的身心素质是一切工作的根本，是高效工作的动力源泉。

（一）健康的人格

职业教育教师的人格，是指教师应具备的优良的情感，以及意志结构、合理的心理学结构、稳定的道德意识和个体内在的行为倾向性。教师人格的科学精神内涵具体表现为科学的信念、科学的方法、科学的态度、科学的道德、科学的能力，弘扬科学的精神；教师人格的时代精神内涵是勇于开拓进取，为社会造就一代技术技能人才；教师人格的职业内涵是德才兼备，以先进的思想教育学生，以科学的方法培育学生，以健康的人格感染学生。榜样的力量是无穷的。职业教育教师必须具有健康、和谐、全面发展的人格，必须具备吸引受教育者并对受教育者实施影响的人格魅力，引导学生朝着健康、和谐、全面的人格方向发展。

（二）良好的情感素质

职业教育教师良好的情感特征对学生具有潜移默化的影响。职业教育教师良好的情感特征主要表现在以下方面。

1. 真诚

一方面，职业教育的教师要真诚地对待学生，以信任、友好的态度成为学生的知心朋友，成为学生将喜、怒、哀、乐愿意向其倾诉的人；另一方面，一旦教师犯了错误，要勇于面对学生，诚恳地承认错误，并迅速改正。

2. 乐观

职业教育的教师面对挑战和挫折，不但自己要有乐观的态度，而且还要以自己的信心、克服困难的勇气、乐观的情绪和坚强的意志去感染学生，增强学生克服困难的勇气。

3. 进取

职业教育教师对于人生目标的不懈追求，对教育教学工作的不懈探求和创新，都会对学生产生强烈的影响。良好的进取精神可以激发学生的求知欲，鼓舞学生的探索精神与创新精神，使学生能够顺利地进入未来的职业角色中。

4. 宽容

职业教育的教师虽然要严格要求学生，热情帮助学生改正缺点，但不要过多地指责学生的过失，要以宽阔的胸怀包容学生。

5. 职业兴趣

教师的职业兴趣是推动着教师孜孜不倦地进行教育教学探索，调动工作积极性的动力。职业教育教师要增强责任感，对自己所从事的教育工作和所学的专业培养浓厚的兴趣，用科学的态度指导学生，密切地与学生交往，热爱学生。做到干一行，爱一行，钻一行，专一行。

（三）坚强的意志

意志是一个人能否坚持到底，彻底完成任务的重要保证。职业教育教师应该具备坚强的意志，只有这样才能在困难面前不低头，并以自己的行为感染学生，锻炼学生坚强的意志。

（四）健康的体魄、旺盛的精力和充沛的体力

职业教育教师承担着繁重的教书育人的工作。正常情况下，他们既要在课堂上课，又要带学生到企业生产一线实习，这些特点要求职业教育的教师，必须具有健康的体魄和旺盛的精力。另外，教师还要面对各具特性的个体和复杂的社会环境，并与之相互协调，没有健康的体魄和充沛的体力也是不行的。

二、良好的知识素质

知识素质是职业教育教师素质的核心。职业教育教师所拥有的知识结构与水平直接影响着教师在教学过程中主导作用的发挥。职业教育教师的知识素质，主要包括三个方面：一是要有精深的专业知识和宽厚的基础知识。只有做到基础知识牢、专业面宽、实践技能精，才能胜任职业教育工作。二是要具有广博的当代科学知识和人文知识。在职业教育教师中，不管是公共文化课教师，还是专业课教师，除了要掌握好专业知识，还要不断地扩大自己的知识面，及时了解有关科学知识的新成就；除掌握企业生产以及本专业的有关信息外，还可以学习一些边缘学科知识，增加知识储备；也要积累与其自身修养发展相适应的人文知识，在继承和创新中吸取营养，不断提高文化修养，进行知识结构的更新，做到科学知识和人文知识的和谐发展，才能厚积而薄发，更好地完成教育教学任务，适应现代教

育的发展。三是要有职业教育心理学、职业教育学和专业教材教法等教育科学知识。一方面，这些知识可帮助教师树立正确的教育观，了解和掌握教育工作的基本规律及教育教学的基本原则和方法，以及具备必要的教育教学技巧；另一方面，掌握了这些知识，可以帮助教师了解学生身心发展的规律，了解提高学生智力、培养学生能力的方法和规律，并开展教育教学改革和科学研究活动。

三、良好的专业技术素质

专业技术素质是职业教育教师从事职业教育活动的基础与先决条件。

（一）具有现代职业教育理念

现代职业教育理念的核心思想是以学生为中心，以能力为本位，以行业需求为导向，实现人才培养目标。在教育教学上，以育人为本，面向全体学生，因材施教，注重个性发展；在教育质量和教学效果上，遵循行业需求，满足学生发展需求；在学生管理中，具有"没有差的学生，只有差的教育"的基本理念，培养和发展学生的优势学科技能，使其尽快成才。

（二）具有良好的教育教学能力

教育教学能力是教师能力体系中最基础的部分，也是教师能力体系中最必需、最能动，最能展现现代职业教育思想的部分。职业教育的教师必须加强对职业教育理论及相关知识的学习，强化对职业教育的特征及规律的认识，掌握职业教育的专业教学法；必须适应现代化生产模式对职业教育提出的要求，具有一定的专业理论知识；必须具有专业实践技能和多学科的综合知识与技能，即跨专业的知识与技能。

第五章 现代职业教育的师资队伍建设

1. 教学设计和调控能力

教学设计能力是教学能力的具体体现，是职业教育教师的基本能力。它包括对课程和各种影响因素的教育加工能力及传导能力，以及组织管理能力。职业教育的课程体系是根据岗位或岗位群所需的知识、技能来设计的。教师必须具有行业所需的设计教学活动的能力，具有根据专业特色、学生实际情况和需求制定以探究为基础的教学方案，引导和帮助学生学习、设计和管理学习环境，对各种影响因素进行加工、修正的能力，达到教育学生的目的。经过教师加工过的教育信息，还必须经过合理有效的传导，才能被学生接受和掌握，在此过程中，教师要恰如其分地运用语言和非语言（肢体语言、表情等）进行表达，多渠道、多方位地传达信息，正确地传导各种教育影响。

职业教育教师还应具备较强的组织管理能力，包括确定班级目标和计划的能力，组织教学、实习的能力，做好思想政治教育工作的能力，开展各种校内外活动的能力，具有较强的组织管理生产、实习教学工作的能力，特别是要懂得一般的企业管理知识，能结合生产实际，让学生对企业的生产管理有所了解，增强学生毕业后社会适应的能力和岗位适应的能力。

职业教育教师活动的基本环境是班级、职业院校、企业。教师不仅要在课堂上授课，而且要经常带学生到企业生产一线进行实习、实训，或者由于生产工艺的需要分组开展活动，这些都给教师的管理带来了难度。因此，客观上要求教师应具备较强的组织管理能力和协调能力。同时，在职业教育的教学过程中，影响因素有很多，要求教师不管遇到什么情况，都能正确对待，既要善于调控自己，又要善于调控学生，发挥教育机制，胜利完成教育教学任务。

2. 实践教学能力

实践教学能力是双师型教师的核心能力。职业教育强调以就业为导向，实行校企合作、工学结合的教育模式，教学过程对接生产过程。传统的理论＋实验的教学模式已逐渐失去生命力，现代教育教学过程要模拟企业现场环境，推广实训教学，强调和突出实践特色。因此，职业教育教师应具备双重的实践特征：一是作为职业教育教师的教学实践，它存在于教学的具体组织与实施过程中；二是作为专业技术人员的生产实践，它存在于生产劳动的具体组织与实施过程中。职业教育教师的任务是使学生具备在企业从事专业技术工作必须具备的职业能力。因此，职业教育师资的教学实践必须与不断变化、更新的专业技术人员的职业实践相适应。

3. 教学迁移和因材施教的能力

职业教育要求专业与产业、职业岗位对接，专业课程内容与职业标准对接，教学过程与生产过程对接，学历证书与职业资格证书对接，职业教育与终身学习对接。这种灵活性和实效性，使得职业教育的专业、课程等必须随着经济结构、生产方式和产业结构的变化而变化。因此，职业教育教师必须随时保持对专业领域前沿技术知识、先进生产设备的了解，具备实现教学迁移的能力，并将其引入教学，以顺利实现从原来所教的专业课程向新专业或相近专业课程转化的教学能力。

职业教育的学生层次差异较大，教师必须面向人人，研究教法和学法，从学生学习的认识理论去分析学生的特点，激发学生的学习兴趣，使每个学生的学习都有所进步。

4. 具有从事课程开发的能力

由于经济和科学技术的发展，产业结构不断调整变化，整个社会生产呈现出劳动分工复合化和职业技术综合化的趋势，各种新行业、新职业、新技术、新工艺不断出现，这就要求职业教育的内容必须因市场需求的不断变化而不断调整。这种调整也要求从事职业教育的教师，必须针对不断变化的劳动力市场，根据社会需求，进行新课程开发，即职业教育教师必须具有行业调研、设计课程、编写教材、评估课程的基础知识和操作能力。

5. 使用现代教育技术的能力

随着现代教育技术的不断发展，模拟企业现场环境和仿真生产过程、多媒体计算机辅助教学等，成为职业教育教学的普遍手段。同时，利用信息技术、网络等手段获取教学中所需的信息资料，为培养学生的探索精神和创造意识提供丰富多彩的教育环境和有力的学习工具等，都要求教师具备适应现代教育技术的能力。

6. 解决生产实际问题的能力

职业教育是与生产活动紧密联系的教育，教师应成为沟通教育与生产的纽带，具有一定的生产经验，以及解决生产实际问题的能力。当然，随着社会主义市场经济体制的建立和完善，职业教育教师还必须具有一定的市场经济意识和经营管理能力，以及社会交往和组织协调能力，才能更好地适应经济和社会的发展。

7. 社会交往能力

职业教育的开放性特点决定了职业教育要面向社会，面向企业。开展专业论证、校企合作办学、产学研结合、职业岗位培训、学生实训实习、学生就业等方面的工作都和社会紧密相关。因此，职业教育教师必须具有一定的社会交往能力，能面向社会，面向企业，正确、有效地处理和协调好工作中人与人的各种关系；及时掌握社会的发展动向，掌握社会对专业人才的需求信息，掌握专业发展的新技术、新知识、新工艺；善于对信息进行分析加工、处理，能合理地使用信息资源；具备行业意识，拥有与行业沟通联系的能力。

（三）具有一定的科研能力

职业教育的行业性对职业教育教师提出了更高的要求。职业教育教师要具备科研能力；要对现代企业的新型科技、新型管理加强理解研究，并在课程中加以体现；要从教学实践中不断总结经验和教训，不断提高教学能力，提高教育科研的专业技能水平，用教育理论指导教学实践。

第三节　职业教育教师的专业化发展

职业教育教师专业发展经历了多重的演变过程，这是教师自身与时代变革要求互动的一个过程。在当今世界，教师重要的发展趋势之一就是教师专业化发展。

一、职业教育教师专业化发展的内涵

（一）职业教育教师专业化

职业教育教师专业化，是指教师在职业教育机构接受长时间的专业训练，获得深厚的专业知识和专业能力的储备，通过严格的教师资格考核，并获得证书后进入职业教育事业的过程。职业教育教师专业化是指教师要具备强烈的专业道德和专业精神；在从业过程中，要拥有充足的专业进修机会进行专业素质的提升，即具有专业权威性和自主性；要在参与自己的专业团体并与学生的交往中获得专业成就和快乐。

职业教育教师专业化，就是职业教育教师逐渐达到该职业的专业标准的过程，是职业教育教师职业化、社会化、管理和培训制度化的过程。这是一个发展的概念，它既是一种状态，又是一个不断深化的过程。

(二) 职业教育教师专业化发展

职业教师专业化发展，是指教师按照工作岗位的需要，通过不断的学习与训练，获得学科专业知识和技能与教育专业知识和技能，实施专业自主，体现专业道德，逐步提高从教素质，取得相应的专业地位的过程；也是教师专业不断成长、建构和全面进步的过程。

职业教育教师专业化发展，既包括教师所任学科专业知识的不断更新，又包括教师的教育教学理念、情感、能力、方法的与时俱进。它会使教师成为终身发展的专业工作者。

职业教育教师专业化发展是一个不断发展的过程，包括专业适应期（开始教学，寻求适应）、稳定期（目标明确，胜任教学）和成熟期（自主发展，形成风格）三个阶段。各阶段之间存在相互渗透、相互作用和相互制约的关系。职业院校要着眼于教师的持续发展，以终身教育的观念去审视每一阶段的基本任务，找到教师专业发展最富活力的"生长点"。

二、职业教育教师专业化发展的必要性

(一) 职业教育教师专业化发展，是现代职业教育发展的必然要求

当今社会产业结构优化升级，高新技术产业不断涌现，新型服务业层出不穷，对职业教育教师的知识结构、知识体系和知识层次都提出了新的要求。要发展现代化的职业教育，就必须促进职业教育教师的专业化发展。

(二) 职业教育教师专业化发展，是教师个人可持续发展的需要

发展型教师应是教师个人可持续发展的理想境界，这就要求教师提供专业化服务，并且重视个人隐性素质的发展，以终身教育的观念促进和达到教师专业成长的成熟期。

（三）职业教育教师专业化发展，是对终身教育思潮的一种适应

"教师教育"是在终身教育思想指导下，按照教师专业发展的不同阶段，对教师的职前培养、入职教育和在职培训的统称。在未来的教师培养体系中，必须给教师创造一个不断发展、持续接受教育的空间，这是与当前终身教育的理念相符的。

三、职业教育教师专业化发展的目标

职业教育教师专业化发展的目标，是职业教育从教者工作的出发点和落脚点，也是衡量一个教师专业成长水平的重要参照。

双师型教师是在职业教育教师专业化探索过程中提出来的，是职业教育对教师的特殊要求，是职业教育教师专业化的本质体现，也是职业教育教师专业化的发展目标。

（一）双师型教师的内涵

双师型教师，是指具有较强的教学能力和较高专业理论水平，已获得教育系统领域的教师资格证书，又有本专业或相应行业的职业资格证书的教师；或有从事本专业实践工作经历，具有较强实践应用能力的专业课教师。这是双师型教师的基本含义。

双师型教师既要具有良好的职业道德、广博的专业基础知识、较强的教育教学能力，又要有丰富的实践经验、较强的专业示范技能和较强的科研能力。因此，双师型教师是在知识、技能和职业素质等方面的有机融合，而不是仅仅拘泥于单一的某个方面或是简单的技能叠加。

双师型教师应该首先满足教师素养的基本要求，同时还应该了解和掌握学生将来所从事职业和所在岗位的专门知识和专门技能、技巧，并懂得

职业教育的特殊规律。换句话说，理论上要有针对职业岗位要求的专门理论知识；实践上要有针对职业岗位要求的专门技能、技巧和其他实践活动。真正的双师型教师，必须从专业出发。任何专业的双师型教师，都有其具体的、明确的要求。

(二) 双师型教师的特征

双师型教师的特征是由职业教育及其教育教学的特殊性决定的。职业教育及其教育教学的特殊性集中体现在教育与职业的紧密联系性上，即教育的内容从职业中来，教育的成果要到职业中去，并直接接受实践检验。职业教育教师不仅应具备普通教育教师的职业素质，而且还需要具备相关行业从业人员的职业素质。双师型教师的特征主要反映在如下几个方面。

1. 专业化的知识结构

职业教育的专业教学强调的是职业岗位与技术的专项性、操作性和应用性。因此，双师型教师所掌握的知识面应更为广阔，除本专业所必需的理论知识和专业技术以外，还包括人文知识和科学知识，以及相关的文理科交叉知识；除要精通本专业职业岗位的知识、技能、技术外，还要通晓相关专业与行业的知识、技能、技术，并能将各种知识、技能、技术相互渗透、融合和转化。

2. 专业化的能力结构

主要包括三个方面：操作能力、科技开发能力和教育教学能力。

操作能力是指履行生产岗位职责的实践能力，是任职顶岗所必需的实用性职业技能、专业技术和技术应用能力。包括熟练技术工作的内容要求和操作流程，掌握职业技术规范、熟练运用职业岗位主要工具的能力，基本的实验能力和设计能力，以及排除故障、维修设备的能力等。

科技开发能力主要是指应用理论的研究和高新技术的开发与推广，发挥其与生产实际联系密切这一优势，对生产实际中存在的技术问题加以解决，攻克技术难关，将理论研究的成果尽快转化为现实的生产力。

教育教学能力是指组织实施教育教学和指导生产实习的能力，以及将知识、技能与技术卓有成效地传授给学生的能力。

3. 专业化的素质结构

专业化的素质结构即树立正确的世界观、人生观和价值观；具有良好的社会公德和职业道德；有着较强的组织纪律性和合作精神；具有敬业精神；具有任职岗位直接要求的知识和能力，以及职业岗位所要求的行业眼光、知觉能力、思维方式和行为方式；具有较好的专业智能和创新潜能；能适应高新技术含量的工作；了解相关专业高新技术的发展趋势。

双师型教师的培养必须紧密结合专业，离开了专业，双师型教师便失去了存在的根基。

四、双师型师资队伍建设策略

双师型师资队伍建设是推进职业教育教师专业化的一项带有全局性、方向性的工作。这项工作应是全方位、多角度、立体化的，应当坚持科学规划、整体推进的原则，寻求积极有效的专业化策略。

（一）进一步完善双师型教师队伍的培养机制

1. 个体双师型结构的教师队伍培养机制

不仅要加强职教师资的职后培训，抓好双师型教师的继续教育，更要未雨绸缪，扩大职教师资的培养规模，构建封闭式和多元开放式并举的职教师资培养模式，完善双师型教师的职前教育体系，还要唤醒教师自我意识，加快专业教师向双师型教师的转变。

2. 群体双师型结构的教师培养机制

通过从各行各业聘请的既具有丰富的实践经历、经验和专业技能，又具有较高理论水平、专业知识和讲授能力的专门人才拓宽教师来源，重视兼职教师队伍的建设。管理上的松散、激励手段的缺失，以及不稳定的工作环境，不仅影响了兼职教师的工作积极性和实际工作效果，还会导致其缺乏归属感，不能把自己真正融入教育教学中，因此，必须建立兼职教师管理的规范性制度。

（二）加强双师型教师资格认定，严把职教教师入行的专业标准

职业院校要通过双师型教师资格认定，提高教师入行标准，体现教师职业的专业性、技术性和规范性。应根据双师型教师的专业标准，制定体现职业教育教师劳动特点的任职资格，并建立相应的职业教育资格的认定机构，通过双师型教师资格证书制度，严把师资入口关。

（三）完善职业教育教师培养培训体系，促进双师型教师专业化发展

双师型教师的培养不是一蹴而就、一次培养成功的，而是要依靠长期培养培训，以及教师个人的努力而逐渐形成。具体措施有如下几方面：一要加强培训基地建设。在培养培训机构建设上，除了吸收专门的教育机构外，还需要充分发挥现有高等学校的作用。更重要的是，要吸收有条件的企业加入培训中来。在培养培训内容上，要开发出一套体现教师职业素质特点的培养培训方案、课程标准及教材，要充分利用现有培养培训平台，通过教育部搭建的教育师资培养基地，有计划地组织和选派专业带头人和骨干教师进行培训；鼓励青年教师进行在职学历、学位的进修和深造；与企事业联合开发创新师资培训新领域，进行培养培训；有计划地选派专业带头人和骨干教师到企业和行业一线挂职锻炼；有计划地让青年教师到企

业和行业一线进行顶岗实习，直接参与到企业的生产管理、设备安装与调试、项目论证、技术改造、产品营销和职工培训等。二要全面建立教师企业实践制度。把理论课教师有计划地派往职教师资培训基地进行以实践技能教学为主的"双师"能力培训。三要重视老教师的实践智慧，实行"以老带新"的校本培训。

（四）以创新型师资管理机制为导向，发挥双师型师资队伍建设内驱力的作用

1. 管理与制度并举

双师型教师的来源渠道广、专业要求复杂，管理难度明显大于其他教师。目前，存在着对双师型教师实践及应用能力管理上的盲点，不能有效地对他们进行专业培训和职业发展，不能准确衡量他们对教学、实践和科研成果应用的贡献，当然，就无法对他们实施有针对性的激励。他们处于行为目标不明确、职业发展前景不明朗、业绩大小一个样、能力强弱无区别的状态中，缺乏进一步提升素质的动力。因此，对双师型教师的管理可进行分层、分类和创建素质模型来完成。有了完善的聘任制度后，还要摒弃平均主义的分配方式，提高待遇，形成充分体现并积极鼓励教师履行岗位职责和创造突出业绩的薪酬体系。

2. 独立考核

单独制订职业教育教师职称评定的标准和办法，并逐步设立单独的评审机构。在同等条件下，优先考虑具有双师资格的教师申报高一级的专业技术职务。制订符合实际需要的职业院校教师职务评聘办法，将专业教师每两年必须有一定的时间到企业或生产一线进行实践作为考核的必要条件等。

3. 侧重发展

双师型教师的知识、能力均处于较高层次，他们对职业发展的需求更

甚于一般员工，且经过多年的专业实践，一些教师积累了较为扎实的专业理论基础，并形成了一定的科研开发能力。因此，应积极鼓励教师走出学校，面向企业，面向生产，主动开展科研服务，承担科研项目，通过为企业提供技术咨询、开发产品等转化科研成果，让他们在实践中得到进一步的锻炼和提高。

（五）拓宽渠道，充实双师型师资队伍

充实双师型队伍可根据实践教学工作的需要，从相关企事业单位中正式聘任一些具有丰富实践经验和教学能力的行业专家、社会名家、高级技术人员、技师或能工巧匠，或通过与企业合建实验室、实训基地、订单式培养等方式，请企业有关专家到学校当兼职教师；有计划地组织教师开展技能、科技制作与创新比赛等活动，建立健全骨干教师教学团队、教授工作室，形成一支梯次合理、素质优良、技能精湛的双师型师资队伍；建立对口交流，请其他职业院校派骨干教师和专业（学科）带头人定期到校进行讲学和指导，同时，选派本校教师到其他职业院校进行学习和交流；紧密依托行业、企业，通过校企合作，倡导和启动访问工作制度。

（六）通过课程体系、内容和教学方法的优化，促进双师型教师队伍建设

要转变观念——变多年形成的传统学科性教育理念为现代职业教育理念；要有计划分期、分批地对教师进行职业教育理论和教学模式的培训；要组织教师对课程的体系、内容和教学方法进行探索并改革；要加大经费的投入力度；安排在编专业课教师到生产第一线进行专业实践训练，特别是针对缺乏专业实践经验的新教师，应派其到企业见习一年以上，其他教师则应要求每五年去企业轮训半年以上，或利用假期开展行业、专业社会调查。

第六章 现代职业教育的发展趋势

第一节 现代职业教育的发展背景

一、信息化背景

当前,随着云计算、大数据、物联网、移动计算、3D打印等新技术不断涌现,经济社会各行业信息化步伐不断加快,社会整体信息化程度不断加深,人们的生活、学习和工作方式也在发生着深刻的变革,信息技术对教育的革命性影响日趋明显。信息时代对职业教育的影响主要表现在以下几个方面。

(一)改变职业教育环境

在信息化时代,传统的校园、课堂等教育环境将转变为由网络架构、数字技术和智能设备组成的新型教育环境。在新的教育环境中,全社会的教育资源将得到最大限度的整合,形成一个开放的教育平台,进而产生新的教育教学规律。在信息化教育环境下,教育者不仅需要掌握基本的信息技术工具,更需要用信息化的理念审视和指导教育教学过程的各个环节和领域。

（二）改变教育资源配置方式

在信息化环境下，职业教育系统由传统模式转变为不受时空限制的网络化系统。受教育者不仅可以通过传统的面授方式获得知识，还可以借助计算机、网络足不出户地接受教育。分布于世界各地的学生和教师可以同时在一个虚拟的教室中进行课程学习讨论。电子教育正在融入我们的生活。

（三）推动教育改革创新

在教育教学过程中引入信息技术能够有力地促进教育系统的重新组合，使职业教育观念现代化，过程终身化，内容和目标智能化、综合化、多样化和软件化，学生成长个性化，教学方法民主化，手段电子化，方式个别化、远程化，效果高效化。建立开放式的教育网络，可以最大限度地整合和优化教育资源，构建终身教育体系。

（四）改变教育评价标准

职业教育更加注重人才的信息能力、创新能力，以及协作精神、适应能力。在信息化时代，道德是人才的灵魂，体力和智力是人才的基础，信息和网络能力是人才的主要特点，而创新能力是人才培养的主要目的。信息时代可以使教育教学评价能力化和全面化。

二、全球化背景

全球化是指物质和精神产品的流动冲破区域和国界的束缚，影响到世界各地甚至每个角落的生活。它以经济全球化为核心，包含着各国、各民族、各地区的政治、文化、科技、军事、安全、意识形态、生活方式、价值观念等多层次、多领域的相互联系、依赖、影响、制约的多元概念。全球化必然要求人才能力国际化、人才素质国际化。职业教育作为国家发展战略，必然要对全球化做出回应。

职业教育的发展观就是要关注人的职业发展。全球化背景下，人的发展，要求职业教育要为学生学会学习、学会合作、学会做事、学会创新服务；既要关注现在，更要关注未来的发展。

三、市场化背景

我国面临着实现工业化与追赶知识经济的双重压力和挑战。同时，随着产业结构调整加快，资本、技术密集型产业大量出现，以信息、金融为主导的新兴产业飞速发展，城镇化进程稳步推进，更大程度和更深层次上参与国际竞争，使市场经济体制建立的机遇与挑战并存。职业教育作为与市场经济联系最为直接、最为紧密的一种现代教育类型结构，应该主动适应市场经济体制要求，主动面向市场、走向市场、服务市场，以市场为主，优化资源配置，加快自我发展。而作为职业教育的培养对象——人，必须由被动服从转向自己做主，主动选择。由求同思维转向求异思维，由习惯模仿转向勇于并善于创新，由顺大流转向展示个性，由务虚转向务实，由注重投入与规模转向注重效益，由慢节奏转向高效率。

四、现代化背景

现代化是一个多层面的过程，它涉及人类思想和行为领域各个方面的变革，是告别旧模式，追求、创造现代文明的过程。它需要在现有的基础上吸取一切有益的经验，运用一切现代化手段，综合各个方面的要求，浓缩各种变化与进程，从而实现更先进的效果。当今中国的现代化是集工业化、信息化、市场化、世界化于一体的现代化,是一项非常繁重的创造性工作。职业教育现代化主要体现在以下几个方面。

(一) 职业教育思想现代化

把握教育发展的内在规律与时代特征,树立正确的教育观与人才观,如全面发展的观念、终身教育的观念、民主平等的观念、多元化教育的观念、素质教育的观念等。这是职业教育现代化的前提。

(二) 职业教育体系现代化

职业教育体系现代化包括课程体系、教材内容以及与其相适应的教育方法的现代化。这是职业教育现代化的核心。

(三) 职业教育设施、条件的现代化

职业教育设施、条件的现代化指的是校舍设施、装备条件具有比较先进的水准,能提供足够学生使用的现代化信息技术、体能训练器械、艺术教育手段,以及先进的科学实验与生产实习设备、充足的图书资料等。这是职业教育现代化的基础。

(四) 职业教育师资和管理现代化

师资队伍的现代化是指教师的学历层次与文化知识具有较高的水准,具备学而不厌、诲人不倦的敬业精神,具有追求卓越、为人师表的师德修养,具备良好的教学基本功和技能技巧。这是职业教育现代化的根本。

管理现代化是指管理队伍、管理制度和管理手段三方面的现代化,即具有一支具备现代化管理知识的高素质管理队伍,具备一整套现代教育管理制度,具备现代化的管理手段,从而使教育管理科学化和高效率。这是

职业教育现代化的保证。

五、时代背景

加快发展现代职业教育是党中央、国务院做出的重大战略决策。建立现代职业教育体系，是促进现代职业教育服务转方式、调结构、促改革、保就业、惠民生，和工业化、信息化、城镇化、农业现代化同步发展的制度性安排，对打造中国经济升级版，促进就业和改善民生，加强社会建设和文化建设，满足人民群众生产生活多样化的需求，都具有重要意义。

随着新型工业化的推进和科学技术的发展，现代职业教育体系越来越成为国家竞争力的重要支撑。特别是国际金融危机以来，美国、日本、俄罗斯、印度等国家都将完善现代职业教育体系作为增强国家竞争力，特别是发展实体经济的战略选择，力求在新一轮国际竞争中建立巩固的、可持续的人才和技术竞争优势。

改革开放以来，我国职业教育改革发展取得了巨大成就，中、高等职业教育快速发展，职业院校基础能力显著提高，产教结合、校企合作不断深入，行业企业参与不断加强，呈现良好的发展势头。但是，必须清醒地看到，我国职业教育仍然存在着社会吸引力不强、发展理念相对滞后、行业企业参与不足、人才培养模式相对陈旧、基础能力相对薄弱、层次结构不合理、基本制度不健全、国际化程度不高等诸多问题，并集中体现在职业教育体系不适应加快转变经济发展方式的要求上。抓住发展机遇，站在经济、社会和教育发展全局的高度，以战略眼光、现代理念和国际视野建设现代职业教育体系，加快发展现代职业教育，是促进教育公平，基本实现教育现代化和建设人力资源强国的必然选择。

第二节 现代职业教育学科的发展趋势

一、未来职业教育的创新趋势

（一）从能力本位走向人格本位

以前，职业教育从知识本位到能力本位，现在又正在向人格本位的方向发展。人格本位就是以人为中心，从培养人格素质高度出发的职业教育模式。由能力本位转向人格本位，是社会经济发展的必然趋势。党和国家一系列职业教育方针、政策和法律法规明确规定，实施职业教育必须贯彻国家教育方针，坚持立德树人，积极培育和践行社会主义核心价值观，加强思想政治教育和职业道德教育，弘扬劳动光荣、技能宝贵、创造伟大的时代风尚，全面提高受教育者的素质。这表明，新时期最成功的劳动者将是最为全面发展的人，最具开拓精神的人，最善于与人合作的人。因而，从能力本位走向人格本位，将成为职业教育现代化的重要内容。它要求职业教育在学科教学中渗透道德（人格）教育，在实践中培养学生正确的世界观、价值观、人生观，在生活中实现个人价值和社会价值的统一。

（二）从学校模式走向混合和开放模式

随着现代职业教育体系的进一步构建，职业教育办学模式将由单一的职业院校闭门办教育，向学校、企事业单位、公民个人等多元化开放办学发展，向集团化发展，并通过建设开放型职业教育体系，扩大引进优质职业教育资源，鼓励骨干职业院校走出国门，提高职业教育的辐射力、影响力。混合开放办学模式的形成，必将给职业教育带来无限的生机和活力，从而加快职业教育现代化的速度。

（三）从就业教育走向创业教育

就业教育与创业教育既是两种不同的人才培养目的，也是两种不同的教育质量观：前者以填补现有的、显见的就业岗位为价值取向；后者以创造性就业和创造新的就业岗位为目的。《中共中央关于制定国民经济和社会发展第十三个五年规划的建议》指出，要优化劳动力、资本、土地、技术、管理等要素配置，激发创新创业活力，推动大众创业、万众创新，释放新需求，创造新供给，推动新技术、新产业、新业态蓬勃发展，加快实现发展动力转换。从就业教育到创业教育，既是世界职业教育的总趋势，也是中国职业教育改革和发展的必然选择。它客观要求职业教育必须调整培养目标，把目标指向创业人才，教育学生树立创业意识，培养创业心理品质和创业能力，形成创业知识结构，建立面向人人的创业服务平台。

（四）从技能开发走向智力开发

长期以来，人们对于职业教育功能的认识习惯于注重技能开发，而忽视了智力开发。智力开发把受教育者当作教育的主体，作为一种资源，在人力开发的基础上，根据人的差异着力于人的潜能和创造力的培养，追求的是一种普遍的适应性和应变性能力的掌握，使受教育者成为一个全面发展的人。由技能开发向智力开发的转变，是职业教育现代化的重要内容，若想实现这一转变，一要树立以人为本的观念，着力于人的全面发展；二要进行必要的成功教育，不断培养受教育者的自信心；三要针对个性差异，开发受教育者多方面的潜能；四要加强抗挫折教育及适应性教育，培养受教育者的独立性和创造性。

(五) 国际化发展，本土化构建

职业教育国际化与本土化，是当今世界全球化的产物，是一个在世界范围内不同国家和地区之间教育思想、经验及资源相互交流、彼此选择、取长补短、融合创新、共同发展的历史进程。未来现代职业教育必须融入时代大潮，把国际化发展与本土化构建置于战略高地，为世界职业教育打造"中国模式"。开阔国际化视野，强化本土化意识，确立改革开放合作，融通创新的职教发展战略新理念包括：确立职业教育国际化科学发展观；树立以人为本的现代职业教育观；更新通向国际化人才质量观；顺应国际化发展潮流与本土化构建的需要，建设具有中国特色和现代品质的职教新体制；加强中高等职业教育衔接，形成"一以贯之"的职业教育新体系；加强与继续教育交融，构建终身一体的职教培训新系统；加强职业教育与行业企业联盟，打造校企合作的职业教育新机制；加强国际交流与合作，创建学贯中西的职业教育新平台；协调职教与普教发展，构建异质统筹的教育新体制；面向国际化深化教学改革，打造具有中国特色的现代职教人才培养新模式；转变传统教学观，确立现代职业教育观；改革封闭、低效的传统教学模式，构建开放、高效的人才培养体系。

二、职业教育学科的发展趋势

针对职业教育的发展问题，未来职业教育学科的发展趋势主要表现在以下几个方面。

（一）研究对象的问题取向

职业教育学研究对象目前尚处于离散状态。有学者鉴于回答"职业教育本质是什么""职业教育研究对象是什么"的艰难，则倾向于结合对职业教育学科性质的认识，将职业教育研究对象还原到几个问题上。

（二）研究范式的交融取向

当科学研究进入跨学科行动的大科学时代，职业教育学研究方向的取向，必将由简单的研究向交融研究，即跨学科研究转变。在对其他学科的研究方法进行比较、移植、辐射和聚合并加工改造的基础上，融合成新的综合研究范式，同时还要有必要的学术规范。

（三）学科的分化取向

相对于其他社会学科，年轻的职业教育学科发展水平较低，学科还不成熟，一方面，它固然需要高水平的综合，但另一方面，它更需要充分地分化和学科交叉，以深入研究专题性问题，吸收其他学科的营养，在此基础上形成更多的职业教育学分支。

（四）反思的广度与深度不断扩大、加深

这种有深度、成规模、更广泛的反思反映在：从国际职业教育学学科的建构与建构的角度出发，借鉴国外职业教育学的经验，警醒和反思我国职业教育学的建设；从政治、经济、文化等领域对职业教育学学术领域的渗透、控制出发，发现职业教育学自主性形成的"瓶颈"，并寻找对治的策略；从职业教育学学术建设的内部问题出发，以职业教育学的研究对象反思为前提，对原有的职业教育学学科的概念、范畴、体系进行挑战、质疑与重构。

另外，在构建现代职业教育体系过程中，必然要面对如何解释现代职业教育现象，解决现代职业教育问题，揭示现代职业教育规律和内在本质过程中所遇到的新情况、新问题，并不断加强自身进一步发展、成熟和完善等一系列问题。

第七章 "双师型"师资队伍建设

第一节 "双师型"教师的内涵

一、"双师型"教师概念的形成

"双师型"教师是我国职业教育发展到一定阶段产生的一个独特的概念。该概念的形成大致经历了4个阶段。

1. 源于职业教育发展的现实

20世纪80年代初，我国的职业教育特别是中等职业教育开始迅速发展，大量的普通高中改制成为职业高中，这样的职业高中没有职业教育的经验，没有专业的设施设备，没有专业师资。所以当时的职业学校很自然地寻求与企业的合作，专业课与技能课的教学多由企业人员担任。随着职业教育的发展，职业学校开始有了自己的实习与实训设施，通过改行等方式培养专业课教师，并从高校毕业生中引进专业师资。但是恰恰是职业学校办学独立性（封闭性）的增强，在师资方面出现了严重的问题：无论是职业学校自己培养的教师还是来自于高校的毕业生，普遍缺乏动手能力与实践能力，无法承担起培养学生职业能力的重任。由此，如何通过后天的措施对原有的师资进行"改造",以适应技能型人才培养的需要,成为师资队伍建设的重要内容,"双师型"教师就是在这样的背景下提出的。

2. 形成于高职高专的实践

20世纪80年代末90年代初,高职高专得到快速的发展,一个重要的背景是,高职高专的前身多为以前的中专,是以理论教学为主的学术性的专门学校,升格为高职高专后,其师资结构同样无法适应职业教育的发展需要,专业课教师有较好的理论功底,但是实际动手能力偏弱,在高职高专,职业教育的理论研究与实践上的探索较之于中职学校更为系统与深入,在师资队伍的建设方面,鉴于专业教师的动手能力普遍缺失现象,高职高专首先提出了"双师型"教师的培养问题。因此一般认为,"双师型"教师的概念最早是南工科类专科学校在实践的基础上提出的。1990年,王义澄在《中国教育报》上发表了《建设"双师型"专科教师》一文,介绍了上海冶金专科学校培养"双师型"教师的做法,说明在高职高专,对"双师型"教师不仅在概念上有了初步的认识,而且在实践上已经有了一些具体的举措。

3. 受推于政策与行政的力量

"双师型"教师的概念在职业教育领域所以能受到广泛关注,并成为职业教育师资培养的重要组成部分,与行政和政策的引导、推动密切相关。1995年在《关于建设示范性职业大学工作的通知》中明确要求"专业课教师和实习指导课教师具有一定的专业实践能力,其中1/3以上的达到'双师型'教师"。此文件的印发标志着"双师型"教师这一概念在中国教育政策上正式提出,也表明了职业教育领域对"双师型"教师及其队伍建设的研究上升到政策的高度。其后,1997年召开的全国职教师资工作会议也指出:师资工作"以建设'双师型'师资队伍为重点"。1998年颁布的《面向21世纪深化职业教育教学改革的原则意见》中对"双师型"教师的内涵作了比较明确的规定:"要采取教师到企事业单位进行见习和锻炼等措施,使文化课教师了解专业知识,使专业课教师掌握专业技能,提高广大教师特别是中青年教师的实践能力。要注意从企事业单位引进有实践经验的教师或聘请他们做兼职教师。要重视教学骨干、专业带头人和双师型教师的培养"。1999年《中共中央、国务院关于深化教育改革全面推进素质教育的决定》中进一步明确:必须"加快建设兼有教师资格和其他专业技术职务的双师型教师队伍。"

4. 明确于新时代的要求

2000年1月,教育部《关于加强高职高专教育人才培养工作的意见》（教高〔2000〕2号）再次强调"抓好'双师型'教师的培养,努力提高中、青年教师的技术应用能力和实践能力,使他们既具备扎实的基础理论知识和较高的教学水平,又具有较强的专业实践能力和丰富的实践工作经验";"要有计划地组织教师参加工程设计和社会实践,鼓励从事工程和职业教育的教师取得相应的职业证书或技术等级证书,培养具有'双师资格'的新型教师"。2000年10月,教育部高教司在《关于印发〈高职高专教育教学工作优秀学校评价体系〉（征求意见稿）和〈高职高专教育教学工作合格学校评价体系〉（征求意见稿）的通知》（教高司〔2000〕49号）中规定了"优秀学校的A级标准"为"双师素质"教师占全校专任教师（"两课"、公共课教师及助教除外）的比例应大于或等于50%,并规定高职院校教学工作合格标准为"双师素质"教师要占全校专任教师（"两课"、公共课教师及助教除外）的20%以上。

从2004年开始,教育部正式启动高职高专院校人才培养水平评估工作。按照2004年4月颁布的《高职高专院校人才培养工作水平评估方案（试行）》的规定,"专业基础课和专业课中双师素质教师比例达到50%"只能达到C级标准,比例上升到70%才有机会获得A级。"双师"素质的注解为:"双师'素质教师是指具有讲师(或以上)教师职称,又具备下列条件之一的专任教师:其一,有本专业实际工作的中级(或以上)技术职称(含行业特许的资格证书);其二,近五年中有两年以上(可累计计算)在企业第一线本专业实际工作经历,或参加教育部组织的教师专业技能培训获得合格证书,能全面指导学生专业实践实训活动;其三,近五年主持(或主要参与)两项应用技术研究,成果已被企业使用,效益良好;其四,近五年主持(或主要参与)两项校内实践教学设施建设或提升技术水平的设计安装工作,使用效果好,在省内同类院校中属先进水平"。

2006年11月,教育部在《关于全面提高高等职业教育教学质量的若干意见》中提出,"注重教师队伍的'双师'结构,改革人事分配和管理制度,加强专兼结合的专业教学团队建设","逐步建立'双师型'教师资格认证体系,研究制订高等职业院校教师任职标准和准入制度"。从国家教育政策文件中不难发现,"双师型"教师队伍建设逐渐成为高等职业教育实现培养目标的必然性要求,是提高职业教育教学质量之举措的重要内容。而"双师型"教师作为一个有中国特色的新概念也日益受到多方关注,在教育界引发了多方探讨和多种释义学说。

从"双师型"概念的提出历程可以看出,"双师型"概念的发展经历了"重素质"到"重结构"再到"素质和结构并重"的过程。从2006年起,教育部的相关文件则开始既关注"双师型"素质,又关注"双师型"结构,指出职业院校要规划和建设兼具"双师型"素质与"双师型"结构的专业教学团队。

二、"双师型"教师概念的剖析

综合前面对"双师型"教师概念提出历程的回顾及各方学者对"双师

型"教师的学术观点,"双师型"教师的概念从内涵上看可归纳为范围、来源、知识、能力四个方面。

1. "双师型"教师的范围

"双师型"教师概念所体现的范围既包含教师个体,也包含教师队伍整体。教师个体的"双师型"体现为"双师型"素质,教师队伍整体的"双师型"则体现为"双师型"结构。教师个体通过学习、积累、提高知识和能力的方法来养成和达到"双师型"素质,教师队伍整体则通过"内部培养""联合培养"和"外部引入"等途径来形成和达到"双师型"结构。只有对教师个体和教师队伍整体同时进行培养和建设,才能尽快达到教育部对职教院校,尤其是骨干高职院校"双师型"教师及教师队伍的建设要求。

2. "双师型"教师的来源

"双师型"教师概念所体现的来源既包含校内专任教师,也包含校外兼职教师。职业教育不同于普通高等教育,是一个开放性强于封闭性、实践性强于理论性的教育,"双师型"教师的来源必须二元化,才能保证职业教育培养出技能型人才,并使其动手能力强,顶岗就能用。因此,校外兼职教师不仅是职业教育"双师型"教师及教师队伍的必要补充,而是职业教育"双师型"教师及教师队伍的一个重要组成部分。因此,只对校内专任教师进行"双师型"培养和建设的理念是狭隘的,职教院校应该有一个宽广的视野,对校外兼职教师也应进行"双师型"培养和建设,使其稳定化并达到职业教育的教学要求。

3. "双师型"教师的知识

"双师型"教师概念所体现的知识既应有理论知识,也应有实践知识。可以理论强于实践,也可以实践强于理论,但是不能只有理论而没有实践,也不能只有实践而没有理论。因此,针对只有理论知识的教师个体和教师队伍整体,须通过各种渠道增强其实践知识,而对于只有实践知识的教师个体和教师队伍整体则必须通过各种渠道增强其理论知识。只有这样,"双师型"教师个体和教师队伍整体才能更好地将理论和实践融合起来,并将理论充分指导和运用于实践,从而突出职业教育实践性强的特点。

4."双师型"教师的能力

"双师型"教师概念所体现的能力既应有专业能力,也应有教学能力。只有专业能力而没有教学能力的教师个体及教师队伍整体,不能将专业知识和能力有效传授给学生;而只有教学能力而没有专业能力的教师及教师队伍,则不能传授给学生有效的专业知识和能力。这两种情况都将严重影响到职业院校"双师型"教师及教师队伍运行的实际成效。因此,在"双师型"概念的发展历程中,要求校内专任教师必须以教学能力为基础来培养和提高其专业能力;而校外兼职教师则必须对其进行教学能力的培养,促使其将专业能力转化为教学实效。

三、"双师型"教师的具体内涵

(一)"双"素质的内涵

1."双师型"教师作为普通教师的基本素质

(1)"双师型"教师应具有深厚的教育科学素养和教育能力等教师的基本素质。

科学的教育理论使教师运用教育规律解决教育问题,达到教书育人的良好效果;教育能力使教师在教育教学过程中能够按照人才培养目标的要求使用必要的教育与教学技巧,并改进教育思想和方法,具体包括良好运用教材的能力、语言表达能力。教育科学素养和教育能力使教师能够按照教学计划和教学大纲的要求,完成理论教学和实验教学,能够正确评价教学效果等。此外,"双师型"教师还应该掌握现代教育的理论知识,具有应用现代化教育手段进行教学的能力。

（2）"双师型"教师应具备高尚的师德素养。

师德素养是教师的职业道德，是教师在教育活动中必须遵循的行为规范，是教师全部道德品质在自己职业行为的集中表现。"学为人师，行为世范"，良好的师德是学生效仿的榜样，是确立教师地位和威信的重要前提和基本条件。师德素养包括政治观点、科学的思想方法、坚定的政治信念、较高政治理论水平、爱岗敬业、热爱学生、严谨治学、为人师表等。

（3）"双师型"教师应具备广博的文化知识与宽厚的专业理论。

教师以传授科学文化知识，促进学生全面发展为己任，因此，"双师型"教师既要精通所授学科的系统知识，了解专业学科的发展动向和最新研究成果，也要有广博的文化知识和文化修养，有多方面的兴趣和能力。

2. "双师型"教师作为高等职业院校教师的职业素质

（1）"双师型"教师须具备高尚的职业道德。

"双师型"教师除具有一般教师的师德以外，还必须遵守职业道德。教师在行业中所表现的人际关系、职业意识、职业情感与职业行为都是学生效仿的对象，会直接影响学生进入行业后的知、情、意、行，甚至影响该行业的道德风貌。

（2）"双师型"教师须具备扎实的实践技能。

高等职业教育"以服务为宗旨，以就业为导向""坚持培养面向生产、建设、管理、服务第一线需要的""实践能力强、具有良好职业道德的高技能人才"，要求专业课教师具备扎实的专业实践技能，将实践技能内化为内涵式素质。

（3）"双师型"教师须掌握本专业的人才需求情势。

由于高职院校的职业指导是每位教师工作的一个重要方面，职业选择是改变学生的生活和命运的慎重抉择，职业指导工作任重而道远，要求高职院校的"双师型"教师必须掌握专业人才需求情况,帮助学生了解并正确选择适合的职业与岗位,激发学生的潜在才能并引导其个性充分发展。所以,"双师型"教师需要了解专业人才需求,洞悉社会所需的专业人才规格和质量,以指导学生掌握相关的知识与技能,并使专业课程紧跟社会职业与岗位要求的变化。

(4)高职院校"双师型"教师须具备一定的应用型科研能力。

高职院校的应用型科研主要分为两个重要方面,一是以高职教育理论与实践本身为研究对象,通过观察、实验、分析、研究,探索出具有普遍意义的教育教学规律;二是以专业实践作为研究对象,重在技术服务与推广。此外,高职院校的"双师型"教师应具备市场调研和分析能力、策划和组织能力、技术开发推广能力等等。

(二)"双"能力的内涵

1. 专业理论能力

专业理论能力的基础是广博的文化和专业基础知识以及全面、系统、深厚的专业理论知识。"双师型"教师必须具有扎实的专业基础理论知识和广博的知识结构,了解本学科或该领域的发展动态和最新技术成果,有较高的理论水平,以保证高水平的教学质量。"双师型"教师不但要对教学大纲所要求的知识全面掌握,理解透彻,还要及时了解本专业的发展前沿动态的知识,并及时把新知识、新技术、新理念授予学生。

2. 专业实践能力

专业实践能力指较强的教学科研能力与素质、熟练的专业实践技能、组织生产经营和科技推广能力以及指导学生实践的能力和素质的集合。这要求"双师型"教师必须具备特定岗位群的技术技能,熟悉生产实践,能从事相关专业技术开发和专业技术服务工作,具有与学生获取的多种岗位资格证书或岗位技能证书相关的证书（级别要高于或等于学生所获取证书的级别），并具有较强的理论和实践的综合能力，并能及时掌握本专业群的最新操作技能。专业实践能力是"双师型"教师最重要的核心能力。首先，专业实践能力要求"双师型"教师在理论知识、追踪专业前沿性问题和专业发展趋势方面具有高度敏感性。其次，专业实践能力要求"双师型"教师具有实际操作能力，尤其在专业领域内从事实验、生产、技术开发和科研等工作的专业操作技能。此外，专业实践能力要求"双师型"教师具有一定的专业操作指导能力，具有较强的亲自动手示范能力、针对实践中的疑难问题的现场指导能力。综上所述，高职院校"双师型"教师可以界定为具备教师的基本素质和资格，即专业课教师既要有全面的专业理论知识，又具备较强的岗位实践能力，逐步向"教师—工程师""教师—技师（高级工）""教师—会计师"等二元复合方向发展的专业课教师。高职院校的"双师型"教师，指专业教师中既具有"讲师"（或以上）素质和能力，又具有本专业或相近专业实际工作的"工程师"（或经济师、会计师、主管护师等同层次及以上）素质和能力的教师，即"讲师"与"工程师"的素质与能力合于一体的教师。"双师型"的各项标准都在要求高职院校"双师型"教师要走向社会、了解企业生产经营情况，尽量做到理论联系实际，加强教学的针对性，不能只限于具有较高的技能教学水平，要有比较全面的专业基础理论，不仅"知其然"，而且"知其所以然"。

四、准确把握"双师型"教师内涵

1. 高职院校"双师型"教师首先应是个合格的高校教师

高职院校的教师，首先应取得高等教育法规定的教师资格。从教师的职务、职称来看，只要他是合格的教育者，并具备相应的社会实践经验、能力，助教也可以进入"双师型"教师行列，而不一定非是讲师（或以上）才可以认定为"双师型"教师，否则将不利于"双师型"教师队伍的整体建设。

2. "双师型"教师应具备相应的实践经验或应用技能

（1）从技术职务（职业资格）的条件看，如果已经是个合格的高校教师，又具备初级以上技术职务（职业资格）的话，就可以进入"双师型"教师系列。

（2）对已获取初级以上技术职务（职业资格）的教师来说，不能见到"双证"就定为"双师"，学院应进行以下方面的把关。一是看其拥有的技术职务（职业资格）是否与其所施教的专业一致；二是看其考取的证书是否从理论到理论，即是否通过纯考试手段获得的。据此，我们建议将教育部"有两年以上在企业第一线本专业实际工作经历"与"有中级（或以上）技术职务"的分别规定合而为一，并作如下修正，即符合如下条件的可认定为高职"双师型"教师："具备助教以上的合格教师，获取初级以上技术职务（职业资格），并在基层生产、建设、服务、管理第一线有累计两年以上实际工作经历的。"

（3）对"主持或主要参与二项应用性项目研究，其研究成果被企业应用，并取得良好经济效益和社会效益"，作为"双师型"教师"实践能力"的条件，我们认为应该将"良好"从定性转向定量。如规定科研成果须给企业当年直接增加税后净利10万元以上，或获得区（县）以上政府特别嘉奖的，方能作为高层次"双师型"教师实践能力的条件。

3. "双师型"教师按专业不同，其素质要求应有所不同

高职院校的专业可按大类分为社科类（企业管理、市场营销、财会、法律、物流、商务等）与技术应用类（机械制造、应用化工、电子信息技术、精密加工、自动控制等）。

社科类"双师型"教师应该凸显以下方面的素质：社会实践经验的积累和应用；良好的沟通、协调和组织能力；信息社会、市场经济和全球化的适应和引导能力；扎实的专业知识水平和专业应用能力；与时俱进的创新能力。

技术应用类的"双师型"教师则应凸显以下方面的素质：了解并掌握所授专业相对应行业的应用技术的动态，能够通过专业授课、实训、实习，使学生掌握就业岗位所需的应用技术和职业技能；具备肯动手、勤动手、会动手的操作习惯和实践修养，引领学生走"从书本到实践，再从实践到书本"的技能提升之路；能够教育学生形成相关行业的职业素养，如维修技术人员"不怕苦、不怕脏"的品质等；能够通过应用项目的研究和应用技术的创新等活动，培养学生的技术创新、技术革新意识和能力。

4. 不同层次的"双师型"教师的素质和使命应有所不同

按照专业理论水平和实践能力，高职院校的"双师型"教师可分为初级、中级和高级，分别对应助教、讲师和副教授以上三个层面。

（1）助教级的"双师型"教师，主要以讲授理论课为主，同时能够指导实训。在实践应用方面，他们一般不够全面和深入，但对所授专业相关的社会实践有整体的了解。他们必须通过学校实验、实训和参加更多的社会实践，丰富实践经验，提高实践技能。

（2）讲师级的"双师型"教师应具备扎实的专业知识、专业技能，掌握所授专业相关行业动态和职业技能；同时能够根据行业和职业的发展变化，对本专业建设提出有价值的建议。

（3）副教授级的"双师型"教师的专业水平和专业应用能力，应相当于专业指导委员会委员的水平，能够通过参加高级专业研讨会、亲身社会实践、进行行业（职业）调查和专业分析等一系列活动，对专业的社会适用性、专业课程的设置和调整、专业的变化方向及实践教学创新等提出建设性意见,从而为高职专业开发和建设做出较大的贡献。

总之,"双师型"教师绝非仅指"双证书"教师。放眼未来,"双师型"教师还不是理想的高职教育教师,未来理想的高职教育教师在专业理论知识和专业实践能力上应呈现整合的"一",而不是目前所强调的"双","双师型"教师也只是我国现阶段高职教育教师专业发展过程中的一个过渡性的必然产物。

第二节 高校对"双师型"教师培养方式

在师资队伍建设方面,鉴于当下国家教育水平还在逐步完善之中,教育理念也正一步步形成自己的特色,"双师型"教师团队正是为了今后的进一步发展而着手建设。

一、社会层面上的"双师型"教师建设也在进一步展开

从改变语言习得能力和提高技能出发,社会中的每个成员都要为此做出贡献,在政府方面,应结合实际情况提供资金支持,从经济方面建设高素质教师团队,增强对其能力的培养,因此,政府应该增加对"双合格"教师的舆论,政策和经济支持。

(一)社会言论导向正确、"双师型"教师实力建设

社会舆论应掌握好自由言论的平台,坚持高素质教师团队建设的正确导向,在努力培养"双师型"教师高水平教学能力的同时也不要忘记对素质的提高,发展其社会地位,以此在社会上享有更高的声誉,在全社会形

成学新风、树新风的教学习惯及行为，社会需要高水平高素质的教师推动社会文明，带动社会成员受教育程度的提高，提高社会大众对"双师型"教师的理解和包容，还有就是要搭建良好宣传平台，营造良好氛围，倡导"双师型"教师队伍。社会的良好氛围会促进高水平教师团队建设，在教师培养方面，政府、社会及教师本身都应为此努力，从政治、经济的角度去考虑实力建设。它以综合的方式发展。通过"双师型"教师，两者的结合是一个全面发展的过程。社会认可并鼓励专业教师认识"双师型"教师。

（二）系统支持提高当下教师素质评判标准

在"双合格"教师的界定上，各界人士都提出了自己的看法，其中一些是理论上的和可操作的。其中也有一些是具有一定的操作性难以实现的，因此，在国家层面上来看，应该建立合理有序的素质评判标准，将教师行为纳入评判指标，以量化的实验结果从细节入手培养多方面的高素质教师。当然，在社会各界也大不相同。应根据行业特点制定相应的规章制度，将各行各业的职业特点制定相应的规定，在实际操作中我们会发现，在不同标准下的教师素质评判存在差异。因此，视觉形势从两个方面入手，包括简单而言的"双师型"教师，以及高级说法中的先进层面上的"双师型教师"，即是初级"双师型"教师，中级"双师型"教师和高级"双师型"教师。与普通高校（包括学习型）相适应或类似，以监督和提升高职教育。

（三）提高"双师型"教师待遇的经济支持

充足的资金，良好的福利和舒适的工作环境是"双师型"教师的必要条件。他们有大专以上学历。教师和职业资格证书中有一半以上的资历高于高级职员，培训期长，难度大。在德国，大多数人直到而立之时成家立业，具有稳定工作，在待遇方面要考虑家庭和工作两方面，因此，政府需从经济条件上优待"双师型"教师。

二、充分发挥学校主导作用，扩大师资力量建设

学校本身掌握大量资源，在建设方面发挥着主导作用。在政策法规的约束下，引入"双师型"教师不是来自学校教师。因此，只有通过提高时间和创造条件，教师才能在学校更好地调动教学积极性，在学习的同时更好地负责"双师型"教师效益建设。

（一）岗前培训

职前培训主要招收高职院校毕业生，招收优秀学生，并拥有大量的教育生源和教师。主要招收的毕业生有鲜明的教学特点，个人教学风格吸引学生，专业能力得到高度评价，获得了学位证书及教学资格，保留了这些证书并使用它们。如果他们继续在工作中接受训练，他们很快就会成为一名资深的高素质高水平教师，在培训中也可以使自己学习能力得到提高，与同事的接触更加频繁，与学生的互动更加自然。这种训练也为今后的教学任务打下良好的基础，不再以理论为主，而配以实践指导行为，在训练中考虑每位教师的实际教学风格，要遵循学者和学科追求的系统性、专业性的内容。由于技术知识的应用和实践，许多大学生对职业学校的非教学、学习和学习理论有了深刻的认识。将理论和实践结合到教学任务中，以多种形式将学生的积极性调动，开展系列活动，提高他们的实际应用技能和综合素质。在课程教学中，还有教学形式，丰富的知识和探究教学。

（二）学校内部研究

在学校内部开展的教师培训是通过对教师的二次学习，对能力的监测

和增强。在这里，高校校本研究是指根据高职教育的实际情况和特点，并针对教师自身教学特点研究，考虑教学课堂实际情况开展一系列学习活动，将教师的学习放在首位，以此督促学生的学习教育，提供便利条件和充足资源鼓励教师的校本研修训练，支持教师的在职教育。

三、学校外部来源

高职院校除在校内开展学习活动，在校外同时引进较为完善的系统学习，多加关注外部来源。

（一）其他大学的介绍

如何做好高职院校工作是高职院校面临的重要课题。可以向相关大学的高水平和感兴趣的毕业生提供职业和技术教育，并将其交给PEDAG。在教学的基础上，高职院校将在其他大学的经验下开展符合自身实际条件的教育研究，结合当下师资力量和情况，将高素质教师继续拔高，推进中等水平教师的发展，考察其实际工作能力，让高等职业教育深入人心。

（二）其他社会产业介绍

"双师型"教师除了创造条件加强学校内的培训外，还努力培养高的教学标准和丰富的实际经验，对一些急需的教师来说，具有很强的专业操作能力，其他企业、机构和研究机构的学校、职业和技术学院。社会服务产业的引入丰富了专业技术人员和管理人员的教学人员，他们有扎实的基础理论、实践经验和教育理论和知识。

（三）兼职方面的教师建设

在兼职方面，兼职教师应享有同等权利，在快速发展的今天，这也是高职院校的教师团队建设发展的必然结果。这一措施也对教师提出了更高的要求。他们无法适应教学目标、教学方式和手段的改善，在专业课上力不从心，因此也推动了兼职教师这类人群的出现和发展，从专业课程转向专业课程。特别是学生教师的角色是在教学环节中极为重要的，但同时存在着很多问题，所以，社会上兼职教师也是高职教师的一部分组成部分。

第三节 高职院校"双师型"师资队伍建设现状

一、高职院校"双师型"教师队伍建设成绩

1. 师资的整体素质优良

"双师型"教师首先要具备教师的普遍素质，即道德素质、教学能力及专业科研能力。目前"双师型"教师首先具有正确的政治方向以及世界观、人生观和价值观，能够自觉以为人民服务为宗旨，以正确的立场、观点和方法教育学生。二是具有良好师德，热爱本职工作，忠于教育事业，传道授业、教书育人、为人师表、以身作则，热爱和关心学生。三是具有良好的学术水平，且不断钻研。教师们在教育好学生的同时，自己也不断搞科研，既教书育人，又自我发展，把两者很好地结合起来。四是具有良好的教学能力。教师不仅知识渊博，而且教学态度严谨，刻苦钻研教材，不断改进教学方法，提高教学效果。

2. 教师思想认识得到提高

通过调查发现，有不少教师原来没能充分地认识到"双师型"师资队伍建设的重要性，他们大多数认为学校教师把学术搞好就行了，实践是学生自己的事，并且老师精力有限，没有必要再去研究实践。通过大力宣传

和引导，教师们提高了认识，对"双师型"师资队伍建设的重要性有了更深的认识，同时也认为具备"双师型"教师资格是必要的。二是教师在充分认识到实践的重要性和必要性的基础上，主动利用寒暑假社会实践，不仅锻炼了自己，提高了自身的专业实践能力，而且为更好地指导学生的实践奠定了基础。

3. 学校领导对"双师型"教师队伍建设的重视程度有所加强

高等职业教育要想取得实效，"双师型"教师队伍的建设是重中之重。经调查发现，有78%的教师认为学校领导对"双师型"师资队伍建设的重视度比过去有所增加。目前，绝大多数的高职院校都在积极采取措施，加快"双师型"队伍的建设。比如说，学校领导开专题会议研究"双师型"师资队伍建设问题；鼓励并要求教师利用寒暑假参加社会实践；面向社会从技术人员中选拔专职教师和兼职教师等等。调查中发现，几乎所有学校都制定了鼓励教师提高学历层次的具体办法，对教师参加社会实践也都做了相应规定。

4. 兼职教师队伍的建设得到了各高职院校的普遍重视

面对社会大环境对技术应用型人才的需求，高职院校培养"双师型"教师的步伐不能不加快。因为技术型人才的培养，只靠书本知识的学习是做不到的，实训锻炼也是必不可少的，因而聘请一大批具有实践经验的行业精英、企业骨干来学校任职，实现社会和学校的接轨，是必要的。目前，各高职院校都已充分认识到兼职教师的重要性，正在努力建立起一支相当稳定的兼职教师队伍。调查发现，兼职教师队伍的建设可以通过以下几种途径进行：一是聘请其他学校的在职教师或者具有高级职称的退休教师做兼职教师；二是聘请企业单位的高学历技术骨干，加强与社会的联系和沟通，建立人才交流基地。

5. "双师型"教师的数量和比例大幅提升，师资队伍充满活力

从近几年的高校教师发展情况来看，高职院校对"双师型"教师培养

和引进也越来越重视。主要表现在："双师型"教师队伍不断壮大，教师数量在不断增加，比例也在不断提升。而从师资队伍的结构上来看，各高职院校的师资队伍也充满了活力，首先是师资队伍的年龄上，教师越来越年轻化，中青年教师所占比例正在不断增加；二是教师的职称水平上，高级职称水平正在不断提高；三是中青年逐渐担起各专业的学术骨干；四是师资队伍实现专兼职结合。

二、高职院校"双师型"教师队伍建设存在的问题

近年来，我国高等职业教育师资队伍取得较大进步，在规模、结构和整体水平上都有很大的提升。但不得不承认，高职院校"双师型"师资队伍建设还存在许多问题，许多方面的建设尚未成熟。

1. 教师层面

当前，普通高校毕业生成为高职院校引进新教师时的主要来源。这一方面给高职院校带来了机遇，可以借此优中选优，选择大批素质较高的毕业生，使其成为"双师型"教师的储备人才，但另一方面，这部分教师直接由普通学校学生过渡成为职业教育教师，缺乏一定的专业工作经历。

近几年，在校学生人数大量增长，教师难以坚持进行专业技能的培养，如深入业务部门进行调研和顶岗锻炼、参加工程实践等。因此，如何处理教师教学工作和技能培训的时间冲突是阻碍教师专业技能培养的一大难题。

2. 学校层面

我国大多数高职院校对教师的培训大多停留在职前培训，培训渠道也较为单一，专业性也不强，很难对口培训，这在一定程度上阻碍了专业课专任教师获取技术等级证书，从而难以达到"双师型"教师的准入资格。

目前绝大多数高职院校都制定了一些激励措施，但是制定针对"双

师型"教师的专门化的激励制度的高职院校却不多,且对"双师型"教师的激励并没有与非"双师型"教师区别开来。统一的激励政策不利于"双师型"教师的成长。完善的、令人满意的"双师型"教师激励政策是"双师型"教师发展的助推器,它能极大地刺激"双师型"教师的发展,提高"双师型"教师的发展速度。

3. 企业层面

与职业教育发达国家相比,我国职业教育起步较晚。企业在职业教育中的作用依旧没有得到充分的发挥。然而,职业教育的发展离不开企业的支持,职业教育教师队伍的建设亦离不开企业的参与。

纵观我国职业教育的发展,企业在当前师资建设中的作用并不明显。企业作为一种营利性经济组织,以追求经济利益为主要目的。而职业教育的本质在于准公共性质,以培养人才为其目标。校企双方在利益上的分歧成为企业参与性不强的原因之一。

专业技能是需要不断更新的,是动态发展的,为了培养能迅速掌握高新技术、融入高科技发展行业的技能型人才,"双师型"教师必须掌握最前沿的技术。但教师的顶岗不能给企业带来经济效益和技术指导。顶岗锻炼大多停留在实习单位和实习师傅的确定、电话沟通、实习过程材料的搜集整理、实习汇报总结等表面。

第四节 "双师型"师资队伍培养途径和模式

一、"双师型"师资队伍培养途径

(一)自主学习发展途径

高职院校"双师型"教师培养既要有良好的外部条件,更应重视教师内因的激发,突出教师的内在价值和需要,发挥教师个体在"双师型"化过程中的主观能动性，调动教师自我发展，追求卓越的积极性。尤其应提倡教师自身的反思性学习与研究，因为反思有助于教师把自己的经验升华为理论，有助于教师获得专业自主。没有反思的经验是狭隘的经验，至多只能是肤浅的知识，教师只有善于从经验反思中吸取教训，才能不断改进。师资培训只能教授教师的本体性知识（学科知识）和条件性知识（教育学、心理学、学科教学论等），而"双师型"教师的实践性技能需要教师在专业实践与理论学习中生成与发展。"双师型"教师应结合教学工作和专业实践，学习新理论和新技术，不断完善自己的知识结构，提高专业技能水平，促进专业技术的不断完善。

教师的自主学习优点在于能克服以往双师队伍建设培养成本高、周期长的弊端，容易贯彻"缺什么，补什么"的原则，体现工学结合的特点，做到培训与教学以及科研紧密结合，避免理论与实践的脱节。专业教师经过长期的自我学习和训练，掌握系统的专业理论和技能，其成果可直接转化成教师的教育教学能力，尤其能促进实际技能与理论教学双重能力的共同提高。

在自主学习模式中，不同的教师有不同的需求。学院应尽量满足这些要求，对需要提高学历的实践课教师，除给予一定的资助外，还应在保证教学的前提下，尽可能给予其时间上的照顾。对需要提高实践能力的理论课教师，要鼓励他们参与实训教学条件的建设、改造和更新，参与实习教学的整体过程。通过实践活动，提高技术转化、推广和应用的综合能力。无论是理论课还是实践课教师，都要组织他们开展有关项目的科技研发活动，承担产品设计、工艺革新和技术咨询等工作，提高他们的专业理论水平，培育他们的专业情感，形成技术应用能力、科研能力、工程实践能力与创新能力，促进"双师型"素质的形成。此外，还要支持教师参加相关行业的资格证书培训和考试，对取得各类职业资格证书、执业资格证书和职称资格证书的教师在培训考试费用上给予报销。

(二) 生产实践训练途径

当前高等职业院校教师普遍缺乏企业实际工作环境的熏陶，缺少企业的实际工作经验，缺少对企业最新技术和工艺的了解。通过生产实践训练，能弥补教师在这些方面的不足。因为生产实践训练加强了教师与企业技能人才的联系，促使教师深入生产第一线以更好地掌握专业技能。因此，生产实践训练是培养"双师型"教师很重要的途径。

生产实践训练不仅能提高教师的实践能力，而且还能确保教师教育教学水平与日俱增。高等职业教育是高等教育的重要组成部分，理应为区域经济建设、科技发展和社会进步做出自己的贡献。高等职业教育教师是高等职业院校科技服务的主力军，必须具有在经济建设服务中学会服务并不断提高水平的能力。另一方面，科学技术迅猛发展、日新月异，新技术、新工艺、新材料不断涌现，生产设备和产品不断更新，新技术从发明到应用的时间也越来越短。无论是参加过专业培训的教师，还是从生产一线引进的教师，若长时间囿于校园，限于课堂教学，势必会知识陈旧，实践能力退化，难以适应高等职业教育培养目标和发展的需要。这就要求高等职业教育教师特别是专业课教师要经常地参加科研、生产和社会实践，接触实际，继续学习，积累新的经验，不断提高自己解决实际问题的能力。

高等职业教育培养的是应用型、实用型人才，因此，指导学生进行实际专业操作和解决实际专业问题，是高等职业教育教师最主要的教学内容。学习操作与学习理论不同，学习操作首先表现为动作模仿，而学生模仿的好坏主要取决于指导教师的操作动作示范。另外，当学生在实际操作中遇到困难时，需要指导教师为其提供参考建议，以便学生自行摸索和创造新的解决方案。教师要想高质量地完成这项工作，必须具备能非常熟练地进行实际操作和指导学生解决问题的能力。

要提高"双师型"教师的职业能力,要求专任教师定期到企业挂职或顶岗锻炼,例如一个职业院校可以联系多家固定企业,每5年安排不少于半年的时间到生产和管理第一线参加实践,学习新知识和新技术;另一方面要求指导企业的技术革新,产学研结合,了解相关企业在市场中的实际情况,为企业提供综合分析报告。

高职院校经常主动与企业建立联系,确保教师能够经常到企业工作和学习,及时熟悉和掌握企业生产和工艺过程的特点,以及正在发生的变化,不断学习和更新知识。教师通过在企业工作,了解企业生产过程中存在的问题与困难,帮助企业解决这些问题,可以提高教师研究、分析和解决问题的能力,积累丰富的实践经验,提高教学水平。同时,有条件的高等职业院校应敞开大门,利用自身在设备、场地和人员上的优势,建立以生产为主导的校内生产性实习基地,广泛吸收生产、服务、管理一线熟谙专业技能且适合教师岗位的专门人才。这不仅可以充分利用教育资源,缓解人员压力,还可以把生产、服务、管理一线的成功经验引入课堂和实训环节,从而带动高等职业院校教师队伍的发展和建设。

(三) 社会服务拓展途径

大学的功能是教学、科研和社会服务,高职院校作为高等教育机构,以直接为社会经济发展服务、为产业部门培养各类劳动力为办学宗旨,与普通高等教育相比,其服务社会的功能更为突出。提倡和强化高职院校教师积极投身于社会服务,对提高高职院校教学质量有着积极而又重要的意义,这也是提高教师专业技能的重要途径。

新的历史条件下,高职院校的教师不再是传统的"知识传递者",也不再是知识权威的代表。他们不仅要有知识和学问,为所有学生提供高质量的教学，更重要的是要有将知识转化为实践技能的经验和能力。高职院校的教师必须保持着自主探索精神，具备丰富的专业实践技能，能够迅速且有效地对社会和市场变化做出反应，并有能力转化科研成果，承担企业和社会的课题研究及服务项目。显然，这样的角色转变单靠政策引导、机制转变来实现是远远不够的。应该把树立教师"自我更新"的专业发展意识作为改革发展的关键，这是一种主观的、更为持久的动力，也是教师专业水平发展的标志。高职院校"双师"教师专业技能的成长是内外多种因素相互作用的结果，教师的主动发展是核心和关键，主动提高社会服务能力，应成为教师专业技能发展的"一种日常生活模式"。高职院校教师要有"自我更新"的专业发展意识和自我反思的实践意识，适应不断变化的社会，丰富职业生涯，自觉保持同行业企业的合作关系，使社会服务成为其职业技能发展的支点之一。

二、"双师型"师资队伍培养模式

（一）校本培养模式

目前高职院校多数专业理论课教师都是普通高校毕业的本科生、研究生，他们专业理论基础扎实，具备当职业学校教师的基本条件，但缺乏行业实践经验，这就需要积极支持他们充分利用校内实验、实习、实训设施，进行专业实验、生产操作等基本技能训练，支持他们参加相应的职业资格证书考核，为提高专业技能奠定坚实基础。因此，高职院校在培养"双师型"教师专业技能方面，要在建立校企合作长效机制的同时，积极拓宽教师专业技能校本培养模式和渠道。

从历史上考察，校本培训作为一种实践活动并非新鲜事物，它可以追溯到由来已久的教师培养的艺徒模式。校本培训（School—based in service training），按欧洲教师教育协会 1989 年的界定，指的是源于学校课程和整体规划的需要，由学校发起组织，旨在满足个体教师的工作需要的校内培训活动。它既可以在整个学校层面上进行，也可以在部分部门或某一科目进行，同时还可以是两三所学校间相互合作地进行。如 19 世纪德国教区学校的教师训练、英国的教生制。1944 年《麦克奈尔报告》建议中小学教师在指导和管理师范生方面应负起责任。1972 年《詹姆斯报告》指出，在职培训应始于学校，每一学校都应将其教师的继续培训视为其任务的一个必要部分，学校的每一成员都要对此负起责任。在 20 世纪 70 年代中期，英、美等国家认识到教师的专业能力主要是在教学实践岗位中逐步形成并发展的，教师任职的学校是其专业成长的主要环境。于是，逐渐形成了以学校为中心的教师在职培训模式。20 世纪 80 年代一些学者进一步对此进行了理论上的探索，如哈格里夫斯（hargreave）根据医学培训中的实习医院建议建立教学学校（teaching school），瓦诺克（Baroness warnok）提出了教师指导者的角色概念。1986 年，牛津实习期的计划——"良师计划"首创了教师训练的伙伴关系。从那时起，校本教师教育开始大规模兴起。

校本教师教育在西方国家产生的主要原因有以下几点：

第一，20 世纪六七十年代西方国家政治上的民主化运动使学校和教师获得了更多的教学自主权，教师和学校对教育改革有更多的发言权。

第二，传统继续教育中理论与现实的严重脱节使教育的理论研究者和实践者都渴望在教育理论的研究与实践之间寻找一种融合，使理论的研究能获得丰富的实践经验的支撑。

第三，教师教学实践的复杂性使传统的、脱离教学实践的教师难以通过继续教育有效地改进教师教学质量和提高教师的实践技能。

第四，传统的通过高等院校开展教师培训所引发的诸多问题，如工学矛盾突出、经费开支过大、受训面积有限等，也促使培训的研究者不断探索新的培训模式和途径。因此，教师继续教育从校外转向"校本"也就成为必然。

我国教育界一般认为校本培训是在开展继续教育工作中，以教师任职学校为主阵地，以教师互教互学为基本形式，在岗业余自学的一种进修模式。在教师专业化发展的进程中，教师在教育实践中的主体地位和主体作用越来越受到重视，"终结式"师范教育走向终结，"发展性"教师教育正在发展，教师的在职培训和继续教育成为发展性教师教育不可或缺的部分。校本培训的理念替代传统的教师培训已成为国际趋势。发达国家普遍认为学校既是学生学习场所又是教师发展场所。教师专业化发展的国际趋势和教师校本培训潮流对高职院校教师培训提出了严峻的挑战，也为高职院校"双师型"教师的校本培训提供了广阔的背景。

我国的国情决定了各职业院校本身是"双师型"教师培养的主战场，现实也表明了我国职教师资的培养方式以职业院校培养为主。聘任"双师型"教师是职业学校的权利，培养"双师型"教师是学校的义务。高职院校在"双师型"教师培养建设中发挥了"校本"培养的主导作用：教师们在各高职院校营造的"双师型"培养氛围下，自觉提高自身双师素质。

学校制定政策、学校提供培训、学校联络实践企业是校本"双师型"教师专业技能培养模式的重要特征。这种模式的主要优势在于：培训内容和形式根据本校教师的特点来编制设定，培训目标明确具体，培训工作与日常工作密切结合，培训地点在本校，培训时间与工作不冲突，培训成果及时体现在教师的工作之中。还便于充分发挥教师个人与集体等多方面的作用，使院校成为开放的"学习型组织"。

首先，高职院校可以立足于自身专业发展的现状与实际，制定"双师型"教师培养的具体政策、制度、资金帮扶等。

与西方发达国家相比，我国的高等职业教育起步较晚，到近几年才被各方重视,并有蓬勃发展之势。高等职业教育不是一种教育层次,而是一种教育类型,它不同于普通专科教育,也不是本科教育的压缩或中专教育的延伸,它的发展应该具有自己的特色。在这种情况下,高职院校要想立于不败之地,必须办出自己的特色,找准自己的位置,这样才能拥有自己的发展空间。可以说,特色是高职院校生源的保证,是高职院校生存的依傍与发展的希望,没有特色,高职院校的发展无从谈起。由于校本培训立足于学校的现状与实际,旨在对学校优势专业的张扬与劣势专业的弥补上,以打造学校自己的办学特色,因此校本培训目标的制定和内容的安排完全是以学校长远发展的需求为取舍的依据。由此可以看出,校本培训正是形成学校特色、提高学校持续发展能力的最佳途径。高职学校可以依据自身专业发展的需要,科学规划"双师型"培养考核制度制订、培训资金安排以及"双师型"政策导向。

其次,学校安排教师进修的相关计划。学校对于有"双师型"意愿的教师,每年按照职教师资培训的各种方式和方法,实施教师轮训,周期为3～5年。进修的类型根据受众的不同,分为国家级培训(专业骨干教师理论培训、特聘或兼职教师理论培训等)、省级培训、市级培训、培训基地(校本)培训等。

再次,学校为教师联系实践进修的企业和场地。学校根据各专业的性质以及教师群体的特点,为教师联系实践教学的场地以及实践培训的企业。如浙江经济职业技术学院,每年由学校出面联系5～8家企业,为教师提供1～2个月时间的实践培训机会。

最后,教师积极参与指的是通过绩效考核和制度约束,引导教师积极参与到"双师型"能力培训中来。

(二) 校企合作培养模式

我国职业教育起步较晚,各地区之间职业教育发展不均衡,各职业院校办学水平、办学条件参差不齐。面对职业教育事业的快速发展,面对高职"双师型"教师的旺盛需求,仅仅依靠职业技术学院自身以及综合性大学的职教师资培训,其教师培养明显力不从心,培养规模无法满足目前高职院校对"双师型"教师的大量需求,进而会出现教师专业实践技能指导能力不强的问题。职教师资培养的方式多种多样,其中开展校企合作,发展校企合作"双师型"培养模式是最直接有效的途径。

职教教师只有到社会生产第一线了解情况,积累实训教学技能,改善专业知识和专业技能结构,才能不断地补充和完善自己。学校与企业的结合可以缩短教育与社会、理论与实践的距离,不仅对校内教师的实践能力起到指导和帮助作用,也可以提高企业职工的素质,丰富企业文化,产生了 1+1>2 的效果。

目前运用这一模式的学校较多,范围也较广,概括而言,是"教学在学校、实践在企业、教师在流动"的模式。

具体说来,即在师资培养机制上,"双师型"教师的理论教学或者其自身的理论培训主要在学校进行,或者依托学校联系的培训基地开展;这类教师的实践教学或者其自身的实践培训直接在企业或者工厂车间进行,教师直接参与到企业生产工作一线中去。同时,对教师岗位制度也实行了一定程度的流通,学校根据专业性质,面向行业企业和生产一线,聘请专业技术人员或者能工巧匠到高等职业院校担任兼职教师,为学生授课,引导本校教师听课学习,提高教师的"双师型"素养和能力。企业除提供实习基地、设备、原料外,还应派人员指导学校的专业教学,共同制订"双师型"教师培养方案,共同开发相关课程,共同组织科技生产攻关,共同组织生产性实习。解决高职院校"双师型"教师培养中设备条件有限、指导技术力量有限的矛盾。

高职院校教师到合作企业从事生产实践、技术开发、产品设计等工作，能够熟悉企业的生产环节和操作工艺，了解最新的技术信息，并且有机会向经验丰富的相关技术人员请教，开阔理论视野，提高实践能力，促成教师由单一教学型向"双师型"人才转变。利用大中型企业先进设备和真实生产管理环境对高职教师进行有偿培训是一种可以选择的校企合作形式。

高职院校还可以利用自身科研技术优势选派教师主持或参与企业生产、建设、管理、服务中的应用技术研究、先进技术推广或科技攻关、技术改造以及新产品、新工艺的研发等。根据国家发展职业教育的政策要求，专业教师每两年必须有两个月到企业或生产服务一线实践。只有这种在真实岗位条件下提升教师专业实践能力的培养模式，才能培养出真正意义上的"双师型"教师。

（三）政府主导培养模式

为了提高"双师型"素质，很多院校采取了如订单式培养、教师顶岗、教师带领毕业生驻厂实习等措施，但效果并不明显。实际上，"双师型"教师的培养并非仅仅局限在学校和企业两者之间，还牵涉到主管机关和行业组织等。因此，理清培养"双师型"素质的思路，积极发挥政府职能部门、行业组织的重要作用，发展政府主导下的高职院校"双师型"教师专业技能培养模式显得尤为重要。例如由教育部和各地教育行政主管部门牵头，联合高职院校和大型企业，共同建立国家级高职师资培训基地，有针对性地开展高职院校师资队伍的"双师型"专业技能培养。在建立"双师型"素质培养基地的过程中，政府职能部门发挥着指挥和控制的作用，就像"人"的大脑，监管、指挥、协调、引导着这个基地建设的重要程序。因此，建立政府主导的双师型培训基地的第一步是政府主管部门牵线搭桥，制定相关政策和制度。高职院校"双师型"教师的培养必须要有制度支撑，制度应该由政府主管部门、行业相关组织、企业和院校共同协商制定。一个良好的制度能够规范各方的权利和义务，协调各方的利益关系，如明确定义各方的职责、反馈机制、财政制度、设备投入和使用制度、企业导师制度以及教师在企业进修的考核标准等。只有多方参与制定的制度，才能保障制度的有效实施。

教育部高等教育司为了加快高职院校"双师型"教师队伍建设，已主导建立了天津、上海等多个全国高职师资基地，旨在提高教师的高等职业教育理论水平、专业基础理论、实践能力与专业技能、现代教育技术应用水平，为中、高等职业教育师资的培训提供一个相对稳定的支撑体系。目前，我国政府主导建设的职业教育师资培养培训基地已经发展到50多所高等职业院校和几十家企业实训基地。这些基地拥有相关的实训环境和条件，教师可以得到职业技能的专门培训，这也是"双师型"教师专业技能培养的又一个重要途径。

（四）中外合作模式

近年来，与行业联系密切的高等职业院校与国外联合办学和教师到国外参加职业培训的越来越多，部分发达地区的高等职业院校已率先进行了此类工作。中外合作的"双师型"培养模式主要是通过建立中外合作办学的中心或基地，将合作项目的教师送到国外职业教育机构或者国际先进企业进行培训，培训的内容包括语言能力、国外专业实践技能、国外专业理论研究等等。

另一方面国外教育机构也在我国开办学校和职业培训机构，教师不出国也可以接受世界先进技术培训，获得相应职业资格证书，对于培养具有国际意识和国际竞争的人才十分有用。随着科学技术国际交流的不断加深，师资培养的国际合作也在逐步扩大,国际化有利于教师拓宽视野,掌握先进的科学技术和教学理念,扩大培训教师的国际视野,提升专业教师国际化教育理念与教育教学能力,获得跨文化的国际交流合作经验与能力。通过国际合作与联合培养,学习国际先进的教育教学理念,提高教学质量与水平,特别是充分利用国外先进的实习设备与条件,提高高等职业院校教师队伍的业务水平与教学能力,培养出一批了解最先进的专业知识和技能,能够适应经济全球化需要的教师队伍。

随着经济全球化和信息化时代的到来,国际化高等教育发展迅速,形式日益多样,中外合作办学已日益成为我国高等教育的重要组成部分。在高等教育大众化和国际化的背景下如何确立新的人才观和质量观,如何整合、利用国内外优质教育资源来为我国的高等教育现代化服务,如何构建适应时代发展需要的"双师型"教师人才培养模式,是当前我国职业院校需要重点考虑的问题。国外的职业教育虽然没有"双师型"教师这样的名词,但名称不同、内涵一致的词汇是存在的,其共同特点就在于对教师的专业实践经历、专业实践能力及相关执教能力都有严格的要求。各国在发展职业教育的进程中普遍重视教师的基本素质和实践能力。国内高职院校可以利用合作办学这一得天独厚的机会,参考国外的"双师型"鉴定制度,借鉴"双师"激励和培训机制,实地考察国外院校的合作创业和教学实习基地,在学习中探讨"双师型"教师专业技能的培养方法,建立一支适合我国国情的高水准的、符合高等职业教育要求的"双师结构"型的教师队伍。

第八章 职业教育模式创新

第一节 职业教育管理创新模式

创新发展是新时期职业教育管理健康发展的根本要求，只有把握好职业教育管理创新的正确方向，提高职业教育管理质量，才能真正实现职业教育管理模式的健康与完善。

一、职业教育管理创新模式的必要性

首先，符合时代发展的要求。伴随着我国教育的不断普及与创新，职业教育成为人才培养的重要内容。作为国家教育的重要组成部分，促进职业教育管理模式创新，能够实现对人才能力的全面培养与提升，让人才转变为才能，从而塑造出高水平的技术型人才，可以在国家改革开放大局建设中发挥出重要力量，从而促进新时代发展，提升国家软实力。为突破传统职业教育管理模式的限制，只有创新，才能满足时代发展的要求，才能让人才的潜力充分发挥。

其次，职业院校发展的要求。在中国特色社会主义市场经济的发展下，

职业教育在国民教育中的作用显著提升，各职业院校如雨后春笋般出现，在招生和办学上产生了激烈的竞争。只有积极吸收和借鉴国内外优秀职业教育的办学经验，基于自身进行不断创新与革新，才能增强竞争实力，获得竞争的主动权，实现自身的可持续发展。

最后，人才发展的要求。现代社会日新月异，对人才的要求越来越高，社会需要复合型人才进行生产和发展。开展职业教育管理创新模式，有助于切实保证学生的受教育权利，让学生掌握更多的工作技能，甚至直接对接企业经营发展，为人才提供广阔的发展平台，也有利于为企业提供智力支持。在新的管理模式下，学生能够接收到更多的知识和文化，技能得到有效锻炼和提升，从而在工作中即使遇到问题也能顺利解决，以实现自身的良好发展。

二、职业教育管理创新模式的对策

（一）构建多元立交的终身教育体系

开展终身教育，是把家庭教育、学校教育和社会教育进行充分融合，以形成一种全新的教育模式。职业教育管理模式不仅仅是一种职业院校所开展的教育活动，而是人在一生中都必须接受和认可的教育模式，从而在学前期学到老年期，让人类自身永远和社会进步保持一致性。所以，在职业教育管理模式中，要想实现自身的创新性发展，必须突破传统教育院校的壁垒，实现对教育资源的充分整合，采取全新的教学模式，以实现教学机制和教学过程的全面突破，促进教育质量的提升，深化校企合作，以充分实现对人才的素质培养，并打造多元立交的考核机制与监督模式，实现教育机制的纵深发展，达到各类教学资源的平衡。

（二）革新职业教育管理理念

教育改革，首先要做好理念革新。职业教育和普通本科教育有着显著差别，因此在实际运用中要积极转变管理理念，采取经营性思路，实现职业教育和市场需求的紧密融合，培养出社会所认可的高素质人才。在职业教育管理模式中，要实施有效教育，坚持以学生发展为根本目标，将管理创新方向定位于满足社会发展需求，以社会需求的转变对职业教育管理模式进行及时调整与完善，使其管理模式能够满足市场经济建设需要，以促进市场化的良好运行。同时，在职业教育管理模式中，更好地把握好生源市场和就业市场的良好统一，创新教育管理工作，促进新型教育产品的开发。职业院校要做好学校和企业间的良好沟通，及时解决学生就业过程中所面临的问题，以促进职业教育招生工作与办学过程的良好运行，实现对职业教育管理模式的创新性发展。

（三）完善校企合作机制

职业教育具有自身的职业特点和行业特征，因此要紧密融合自身发展实际进行人才培养模式融合，完善校企合作模式，做好企业人才遴选工作，并加强对职业教育中的教师技能培训，以合作办学有效促进人才培养，形成合作办学激励机制、合作育人管理机制、合作就业补偿机制，形成系统化、公正性的人才考核与输出体系。充分利用校企合作优势，建立校企合作理事会和相关工作委员会，吸纳有关智库专家和一流学者为职业教育发展出谋划策，搭建实习基地，构建完善的管理平台，采取学徒制、订单式人才培养方法，探索混合所有制办学模式，促进产、学、研一体化发展，实现职业教育的可持续推进。

(四) 扩大中外联合职业教育办学优势

现今国内的职业教育已经朝着国际化的方向发展，在国际交流与合作上进行了不断的深化与延展。当前已经形成了全方位、多层次、宽领域的教育格局，是中国教育事业中的重要组成部分。通过中外联合办学，有助于充分吸收和借鉴西方国家在职业教育管理模式上的优良成果，并基于本国国情进行深化融合。同时，国内职业教育在资金投入与资源获取上始终存在较多限制，因此可以借助国际力量，充分吸收国外资源和民间资本，推动职业教育朝着高端化的方向前进，促进人文交流，改变社会对职业教育的固有看法，也能实现教育要素在国内的有效流动，形成资源的合理配置。

总之，近年来，国家对职业教育管理给予较多的关注，也在政策和资金上给予了很多的支持，这也让世人明白，我国教育事业不仅需要普通本科教育，也需要专业技术型人才，只有人才全面发展，才能将处于改革发展大局中的中国建设得更加稳定。当前，社会对职业教育形成固有观念，而且很多职业院校对自身定位不清，导致在职业教育管理模式上缺乏创新，直接影响了教育成效。因此，教育者们只有构建多元立交的终身教育模式、更新教育理念、完善校企合作模式、扩大中外联合职业教育办学优势，才能有针对性地解决当前职业教育管理模式创新过程中出现的疑难点，从而为职业教育院校提供良好的发展基础，为社会培养出全面发展的技术型人才。

第二节 高等职业教育管理模式的创新

研究高等职业教育管理模式的创新，旨在提升高职教育管理质量，促进高职教育管理工作发展。创新高职教育管理模式，需要高职院校正确认识教育管理模式创新的必要性，深入剖析高职教育管理模式创新的阻碍问题，以问题为突破口，实施革新管理理念、完善管理结构、加强过程管理等策略，创新高职教育管理模式。

一、高等职业教育管理模式创新的必要性

（一）时代建设需要

创新高职教育管理模式，是时代建设需求。近年来，我国高职教育大规模发展，国家强调素质教育推进与教育改革深化。高职教育是高等教育的重要组成部分，大力发展高职教育，创新高职教育管理，能够有效推动时代建设进程加快。高等职业院校致力于培养高素质技术技能型人才，这类人才在国家各项工作发展中占据重要地位，能够促进时代高效建设。而高职院校革新教学管理模式，可以加强教学管理工作，提升高职院校人才培养质量，促进学生全面发展，成为时代进步需要的应用型人才。因此，高等职业教育的管理模式创新，能够满足时代建设发展需求。

（二）高职发展需要

创新高职教育管理模式，是高职院校的发展需要。在社会经济不断发展背景下，我国高职教育在高等教育中的地位不断提升，院校之间的竞争越发激烈，需要高职院校积极借鉴普通高校教育改革经验与发达国家教育经验，革新教学管理工作，才能有效提升自身竞争实力，满足自身在新时期的生存发展需求。因此，高职院校需要将高职教育管理创新作为改革工作重点，积极构建新型教育管理体制，以有效教育管理把握院校进步发展的核心要素，提升院校整体教学质量，有效应对激烈的市场竞争，促进院校可持续发展。

(三) 学生全面发展需要

创新高职教育管理模式，是学生全面发展的需要。随着社会的不断进步，科学技术积极发展，高职院校学生掌握单一化的专业知识，已经难以满足时代的人才需求，高职院校学生所在专业对应的社会用人单位，正在逐渐提高人才录用标准，使高职教学工作面临新的挑战。而高职教育管理的创新，能够积极影响各大高职院校创新教学管理工作，强化教学工作监管，提升各专业教学质量，使学生能够在新型教学体制下接触到更全面的知识，学习到更丰富的技能，能够用所学知识对实际工作岗位中的各种问题进行解决，满足社会用人单位的人才需求，实现自我发展。

二、高等职业教育管理模式的创新策略

(一) 革新管理理念

创新高职教育管理模式，需要高职院校革新管理理念，积极使用经营型管理理念，提高职业教育服务质量，提升高职教育存在价值，获得师生与社会的充分认可。高职院校革新教学管理理念，实施有效管理，需要树立服务学生与社会的管理理念，将管理创新方向定为满足社会需求，按照社会需求对高职教育管理工作进行及时调整，使高职院校教育管理与具体教学活动能够有效适应市场经济发展，体现高职教育管理践行市场化运作理念。在此基础上，高职院校需要有效把握生源市场与就业市场，结合两个市场需求，创新教学管理工作，开发新型教育产品，调整学校发展规划，提升教育质量。同时，院校需要联系两个市场的开发，通过多种渠道加强学校与社会用人单位之间的沟通，协调社会需求与高职教育，解决学生就业问题，促进学校生源质量提升与学生就业率提升，体现革新管理理念对创新高职教育管理模式的积极影响。

(二) 完善管理结构

高职院校针对高职教育管理，创新教育管理模式，需要完善管理结构，具体而言，就是结合工学结合教学模式，构建科学合理的管理结构。高职院校完善管理结构，需要使用扁平式组织结构，该组织结构的特点为中间层数少、重视横向联系、信息反馈快、可及时调整、方便协调统一等。高职院校在创新教育管理模式的过程中，应用扁平式管理结构，能够突破传统行政化管理模式的限制，实现专业化、自主化管理，有效体现高职教育的专职化特色。因此，高职院校需要优化决策层与执行层的管理组织结构，实行二级管理，加大院系自主管理权，使院系能够结合自身特色开展产学研工作，提升院系自主管理成效，增强高职院校整体教育管理效果。同时，高职院校需要合理设置管理结构，在传统后勤、行政与教学等管理机构组织的基础上，结合经营管理理念，针对人资管理、就业指导、教学规划执行等方面的教学管理工作，设立相应管理部门，要求其承担具体教学管理责任，实现新型高职教育管理模式的有效构建。

(三) 加强过程管理

创新高职教育管理模式，需要高职院校加强过程管理，严格把控教学管理执行过程，紧密结合企业生产实践与学校教学过程，有机统一企业人才标准与学校培养目标，并通过质量标准管理的实施，实现新型高职教育管理模式构建。我国高职院校产业性特征比较突出，在教育管理层面，高职院校的教育管理与企业管理存在相通之处，因此，高职院校加强过程管理，可以开展质量标准化管理工作。针对教学质量进行标准化管理，需要高职院校按照就业导向对质量标准进行制定与调整，在整体教学管理工作中，重视实践教学管理，加强训练学生职业能力，并按照社会发展形势，调整院校自身的职业教育服务。同时，调查学生就业后实际工作情况，加强校企合作与沟通，及时获得企业反馈，针对性改进教育教学工作的不足之处，对高职教育教学缺陷过程加大管理力度，实现高质量的过程管理，提升高职教育管理实效性，促进高职教育管理模式革新发展。

第三节　教育信息化 2.0 背景下职业教育模式创新

在教育信息化 2.0 背景下，职业教育模式的创新主要体现在教师队伍建设信息化、人才培养方向信息化、教学评价信息化、学校管理信息化四方面。从这四个要点出发，基于教育信息化 2.0 对职业院校提出的新要求进行探讨，分析职业院校教育信息化改革的具体措施。

一、教师队伍建设信息化

（一）教师队伍建设信息化的新要求

要实现教育信息化就要加强教师队伍人才建设。在教育信息化背景下，教师要具有创新思维，体现在教学活动中就是要有创新课堂引导方式、授课方式、教学评价方式、个人学习能力等方面的思维。教师是学生学习的引导者，要提升教师的教学素质，进而培养出高素质高能力的学生。其一，创新课堂引导方式。帮助学生在短时间内激发学习兴趣，融入课堂学习。其二，创新授课方式。在信息化教育背景下，传统的授课方式已经不能满足学生的发展需求，学生需要更自由的课堂氛围来提高自己的实践力和创新力，教师应创新授课模式，提升教学效果。其三，创新教学评价方式。学生的发展是多元化的，对学生的评价维度也应该是多元化的，传统的成绩衡量标准会遏制学生的天赋和创造能力的发挥，不利于学生的成长。其四,提升个人学习能力。时代是不断变化和发展的,教学也是一个动态的过程,教师要转变观念,加强与外界的联系并学习先进经验,这样才能不断提高自身的教学能力,适应教育信息化模式。

(二)教师队伍建设信息化的改革措施

第一,提高教师招聘条件。学校在教师招聘过程中,要综合评定和考量教师的创新能力、学习能力、价值意识等,注重对教师专业素养的考核。职业院校教师要具备过硬的专业知识和实践能力,才能更好地为社会培养专业人才。第二,完善教师考核制度。在评定教师的教学成果时,不应单纯地以学生成绩作为参考,而应建立一个动态的参考指标,包括学生的学习能力、实践能力、创新能力等职业能力,多元化的教师评定指标能够促使教师加强对学生各项能力的培养力度,促进学生的全面发展。

二、人才培养方向信息化

(一)人才培养方向信息化的新要求

要实现教育信息化就要注重人才培养方向的信息化。职业院校生源与普通院校生源相比,学生的学习成绩和整体素质相对较低,职业院校学生的学习能力、创新能力、实践能力和自我管理意识相对较弱。因此,职业院校教学工作者在日常教学中,要注重培养学生这些方面的能力。当前,单一的技术型、文化型人才已经不能满足社会需要,职业院校教师要了解和掌握社会对人才的需求,明确人才培养定位,兼顾职业教育和文化教育,着力培养具备学习能力、实践能力且文化功底扎实、专业技能过硬的复合型人才。学习能力是在任何时代背景下都应具备的能力,社会发展是瞬息万变的,对人才的需求也在不断变化,想立足于社会就必须善于学习,发挥自身的专业价值，不断丰富自身的专业技能，增强社会竞争力，紧跟时代步伐，不与社会脱节，为社会所需所用。

（二）人才培养方向信息化的改革措施

第一，因材施教地对学生进行指导。兴趣是最好的老师，要激发学生的学习兴趣，使学生在后续的技能学习中能够始终保持对知识的新鲜感。学校可以依靠信息化手段发掘学生的兴趣点，尽量使学生选择符合自身兴趣和特长的专业进行学习。第二，建立激励机制，激发学生的学习主动性。职业院校部分学生对学习存在一定程度上的抵触心理和抗拒心理，少数学生还存在厌学心理。职业院校可以通过激励机制改变学生的厌学现状，激发学生的学习积极性。第三，针对不同专业学生开展不同的活动项目，以提高学生的实践能力和创新能力。以职业院校的两大热门专业空乘专业和护理专业为例，对于空乘专业的学生，可以针对飞机飞行过程中不同的突发状况设置情境，培养学生的随机应变能力和创新精神，帮助学生更好地增长职业技能；对于护理专业的学生，可以设置不同的抢救情境，如火灾后急救、溺水后急救、交通事故后急救等，通过具体情境培养学生的实践能力，提高学生的专业素质。

三、教学评价信息化

（一）教学评价信息化的新要求

要实现教育信息化就要注重教育评价的信息化。教育评价包括学校对教师的评价、教师对学生的评价、学生对教师的评价等。当前，很多职业院校的教学评价体系不够完善，评价指标过于单一。其一，学校对教师的评价只注重教师所教学生的成绩和教师的教研水平，对教师自身素质和所教学生的素质并不关注。其二，教师对学生的评价只关注学生的学习成绩，对学生的学习能力、创新能力、实践能力并不做要求，评价方式也十分单一，多数只通过试卷考核的方式对学生进行评价，这不利于培养学生的实践能力和创新能力。其三，学生由于年龄限制，还没有形成深刻和完善的价值体系，虽然学生对于教师的评价指标相对多元化，但是部分学生对教师的评价过于随意，教师的性格、外貌都成为评价指标，导致评价有失公平和客观，还有部分学生只看教师的教学形态而不看教师的出发点，教师在教学过程中稍微严厉一些就会得到学生不好的评价，也使评价有失公平。

(二) 教学评价信息化的改革措施

充分发挥学校的引导作用和服务作用，完善评价机制，使学校内部评价工作适应信息化教育模式。第一，在学校对教师的评价方面，要丰富教师评价指标。教师的教学价值不只在于所教学生的书面成绩，还体现在所教学生的综合素质能不能满足社会对人才的需求和个人发展的需要。为人师表的真正含义是教师要为学生起到良好的表率作用，教师的思想道德意识和日常行为都应该给学生带来正面影响，这些也应该纳入到对教师的评价体系里。第二，在教师对学生的评价方面，教师要考虑到每个学生的自身特点并结合其优劣势进行综合评价，如果教师只关注学生的优点，看不到学生的缺点，那么教师在评价过程中就会过度放大学生的优点，而忽视学生的缺点，长此以往学生会养成骄傲自满的性格，不利于改进自身存在的不足，制约学生的发展。如果教师过于关注学生的缺点，不发扬学生的优点，就会大大打击学生的学习积极性，甚至会让学生产生自卑心理，不利于学生的发展。第三，在学生对教师的评价方面，教师应正确引导学生的价值观，帮助学生做出公正客观的评价。教师可以通过小游戏让学生体会教师的辛苦，如教师可以和学生互换角色，指定一名学生担任一节课的教师，课程结束后再让该学生发表自己的感想，学生在经过换位思考之后，能够更好地理解教师日常工作的辛苦和具体行为的出发点，摆脱对教师的偏见，做出公正客观的评价。

四、学校管理信息化

（一）学校管理信息化的新要求

要实现教育信息化还要坚持学校管理手段的信息化。学校管理包括对人的管理和对物的管理：对人的管理主要包括对教职工的管理和对学生的管理；对物的管理主要包括对学校硬件设施的管理，如操场、食堂、图书馆等。教育信息化对学校管理方式也提出了新要求，学校应通过管理信息化实现与信息化社会的对接。例如，新冠肺炎疫情的爆发就对学校的信息化管理水平提出了很大的考验，学校需要在较短时间内，对学生的上学时间、教职工的上班时间进行安排与调整，还需要将信息快速高效地传达给学生和教职工。疫情的突发性和多变性使学校需要根据具体情况快速做出判断并进行调整，对学校的信息化管理水平提出了较高要求：其一，应具备先进的信息化技术，能够在最短时间内通知到学生和教职工。其二，应具备随机应变的信息化能力，在遇到突发状况时能够及时做出反应。其三，应具备信息化宣传手段，对学生和教职工进行安全教育，呼吁学生和教师共克时艰。

（二）学校管理信息化的改革措施

学校应把信息化管理融入每一个管理环节中。第一，对教职工进行管理时，可以取消传统的签字打卡制度，运用指纹、虹膜等专业信息化手段进行打卡。第二，对学生进行管理时，可以适当减少教师对学生的监管，更多地利用监控设备等信息化手段对学生进行监管。但是，对学生采用监控手段时要注意程度的把握，不应侵犯学生的隐私权而引发学生的逆反心理。第三，对学校的基础设施进行管理时，也可以合理运用信息化技术，如对食堂进行管理时，运用大数据技术保证食材的种类和数量可以满足学生需要，运用监控对食堂的干净整洁情况进行监督，运用现代信息技术手段进行支付而不再依靠传统的饭卡等。第四，对图书馆进行管理时，可以利用信息化手段录入学生的班级姓名信息，既节省了学生的登记时间，也节省了教职工资源。另外，还可以利用图书馆的借阅数据对借阅次数最多的学生进行奖励，激发学生的阅读兴趣。

教育信息化对职业教育提出了更高要求，也为职业院校提高教育质量带来了更多可能，职业院校要把握机遇，利用自身优势，提升教育信息化水平，提高学生的信息化能力，为社会输送更高质量的人才。

第四节 "互联网+"背景下职业教育模式创新

当前我国互联网技术迅猛发展，在"互联网+"背景下，传统的教学模式已经无法满足教育发展需求，创新高等职业教育模式显得尤为重要。为了更好地提升高职学生的综合能力，学校应改革传统的教育方式。基于此，本文从当前高等职业教育存在的问题出发，对高等职业教育模式的构建进行了分析，并就"互联网+"背景下高等职业教育模式的创新策略进行了详细论述。

要想促进社会的良好发展，培养专业的技术人才是关键，高等职业教育在培养专业技术人才上发挥重要作用。在"互联网+"背景下，创新高等职业教育模式具有重要意义，通过借助先进的教育技术，探索多层次的教育方法，可使高等职业教育取得更好的发展。

一、"互联网+"的概念

"互联网+"首次提出是在2012年召开的易观第五届易懂互联网博览会上。2015年7月，国务院发布的《关于积极推进"互联网+"行动的指导意见》文件，不但促进了互联网与各行业的有机融合，而且使互联网所涉及的范围从消费领域逐渐扩展到生产领域。

对于"互联网+"的含义，不同学者有着不同的理解。毕冉觉得"互联网+"是"互联网+传统行业"，其是借助互联网平台采用各种信息通信技术发生的"化学反应"。从经济层面来看，"互联网+"作为一种新的经济形态，是以广泛的互联网为基础设施与实施工具将全新的经济发展形态呈现出来。从技术层面来看，"互联网+"包括了各种互联网技术在内的信息技术，如云计算、移动互联网、大数据技术等，其在各个领域得到广泛应用，包括政治、经济等领域。

二、"互联网+"高等职业教育开展的必要性

随着我国互联网的发展，互联网技术在各领域得到广泛采用，教育行业也不例外。在"互联网+"背景下，高等职业教育的教育教学模式受到了一定的冲击与挑战，但也面临着新的机遇。

互联网最突出的特征是资源共享，高等职业院校通过发挥互联网的优势，构建"互联网+"背景下新的教育模式具有重要意义。一方面，可根据学生的特点出发，因材施教，为学生提供个性化发展的教学模式、教学内容，以此使学生的自学能力得到提升，取得良好的教学效果；另一方面，

"互联网+"时代为高等职业教育提供了大数据，学生可以充分利用大数据，促进自己的全面发展，可以说随着"互联网+"深入发展，将培养出更多具有较高专业水平的应用型人才。

三、"互联网+"给高等职业教育教学带来的变化

（一）知识载体多样化

在"互联网+"背景下，高等职业教育教学过程中展现的知识载体越来越多样化，包括互动媒体、实物、微课等，其能有效调动学生的学习兴趣，教师应该要充分利用"互联网+"的优势展开教学，满足学生的学习需求，以此更好地提高教学质量。

（二）学习内容开放化

随着互联网的迅速发展，人们接收到的知识越来越多，通过网络可以让每个学习者了解到丰富的内容，且通过网络技术，还能使他们进行"零距离"地交流、互动，实现资源的共享，这对学生学习来说具有显著优势。

（三）教学方式趣味化

在"互联网+"的时代下，教育教学中采用的传统教学方法逐渐被趣味化教学法所替代，通过借助互联网技术，能为学生提供趣味化的教学方式，其在一定程度上能调动学生学习积极性，使其积极主动地参与到课堂中，感受到学习带来的乐趣。

四、"互联网+"背景下高等职业教育模式的创新对策

（一）深化校企合作

1. 发挥政府在校企合作中的主导作用

在高等职业教育教学模式的创新中，可以通过加强校企合作的方式，以此为促进高等职业教育的良好发展奠定基础。一方面，应将政府在校企合作中的主导作用发挥出来，政府可以借助"互联网+"技术进行校企合作平台的统筹、搭建，实现学校与企业的双赢目的。另一方面，政府可以采用"互联网+"技术加强政策推动，使共赢局面得以形成。地方政府应将校企合作的相关政策进一步优化，在宣传过程中可以采用"互联网+"技术。地方政府需新增教育经费，向职业教育倾斜，鼓励社会力量捐资、出资，助力职业教育的兴办，拓宽办学筹资渠道。高职院校不仅能减少资金投入，还能从校企合作中获取更多报酬，包括智力、教育、专利等，促进学校可持续发展。地方政府通过规模企业的引进，为地方经济服务的同时，可以解决就业压力问题，形成多赢的局面。

2. 采用"互联网+"技术构建校企合作新局面

在校企合作人才培养目标的制定中，可以应用云计算、大数据等"互联网+"技术，制定好相应的人才培养目标。在课程与教材开发、教学研究、考核评价等方面采用"互联网+"技术。高职院校需要将企业中的诸多要素充分利用起来，包括技术、知识、设备等，使学生能将自身的专业理论知识、实践操作充分结合起来，并营造企业自身的职业教育与社会的责任感，使高职院校在"互联网+"背景下与企业形成互助互学的局面。

3. 采用"互联网+"技术推进校企合作实训基地建设

在信息化迅速发展的时代下，采用"互联网+"技术推进校企合作实训

基地建设具有重要意义。这种实训基地的建设具有诸多优势，具体体现在教学实践课程同步、教学资源共享等方面，尤其是通过虚拟工厂、网络学习空间的构建，能有效节约成本，提升校企合作育人水平。所以，职业院校应该加大在互联网基础设施方面的建设力度，尤其要注重校企合作网络化平台的构建，将虚拟仿真实训基地建立好，由此保障校企合作的良好开展。同时，职业院校还需要在校企资源共享投入力度方面加强重视，构建校企资源数据库，为学生提供充足的学习资源。此外，职业院校还要采用大数据处理技术综合评价学生与教师，以此使评价的客观性、真实性得到保障，为制订有效的人才培养方案奠定基础。

4.线上线下混合式实训基地的搭建

在传统教学过程中，高职院校主要采用被动式的教学方法，这种方式无法取得良好的教学效果，同时，在实训中实训设备落后，甚至教师只注重理论知识的讲述，不注重锻炼学生的实际操作能力，这将导致学生动手能力较差。随着"互联网+"的迅速发展，高职院校与企业应加强合作，为学生搭建线上线下混合实训基地，以此使学生的动手能力与创新能力得到提升。

对于线上部分来说，可以通过网络建模进行操作实验的模拟，通过移动互联技术的应用，师生之间可以进行线上交流，且通过下载相关资料，能扩大学生的知识面，同时能及时反馈教师的教学活动。对于线下部分来说，其由两个部分组成，一是课内学习，二是课外实践，教师在传授知识的同时展开课外实践操作，能使学生分析问题、解决问题的能力得到提升，使学生真正理解与掌握所学技术知识，更好地提高学生的实践操作水平。

（二）建设高等职业"双师型"教师队伍

在创新高等职业教育模式中，"双师型"教师队伍的建设是一项有效措施。"双师型"教师要具有良好的职业道德,不仅要有教书育人的能力,还要在职业指导方面具有一定能力,具备职业基本理论、实践能力,能根据市场分析、职业岗位群分析,对培养目标、教学目标与方法进行调整与改进,注重学生行业、职业知识传授及实践技能的培养。同时,教师还要具有良好的沟通能力、协调能力与管理能力,具备创新精神。因此,我国的高等职业院校需要根据教师培养目标,创建专业教师职业发展制度,以此使"双师型"队伍的建设取得良好成果。

其一,在"互联网+"背景下,可以采用"互联网+"技术进行"双师型"师资建设平台的搭建,使企业工程技术人员与职业院校教师双向流动。通过"双师型"平台的共建,教师可以更方便地深入企业接受企业培训,以此提升其能力;对于企业高技能人才,符合条件的可以进入高校教学。与此同时,学校还需要对高水平的教师教练创新团队进行管理,教师与技能人才分工协作进行模块化教学,使校企科研攻关项目得以开展。

其二,学校可以采取专业实践、合作研发等方式,利用课余时间让教师到专业对口的企业参加实践活动,使教师之间相互切磋教学方法与操作技能,以此提升教师的教学能力。

其三,学校还应注重激励及考核机制的建立。比如,在年度考核上,对优秀的教师予以奖励,向"双师型"教师倾斜,并采取动态管理"双师型"教师,使其实践水平得到提升,以此更好地适应"互联网+"背景下高等教育职业的教学发展。

(三)采取多样化的教育模式

1.翻转课堂的应用

翻转课堂教学能弥补传统教学模式的不足,其是新型的教学方法,翻转课堂所处的课堂教学氛围、环境存在较大的差异。对于翻转课堂来说,其是指学生在课堂之外从事基础知识的学习，在课堂之内深化与迁移知识，其能丰富课堂活动，能实现师生之间的有效互动，在教学过程中，学生有着浓厚的学习兴趣，可取得理想的教学质量。

2. 微课的应用

微课也是一种新型教学法，将其应用于高职学校教学中发挥着重要作用，微课主要是指按照新课程标准及相关教学实践具体要求展开实际教学。对于职业教育来说，实践技能是最重要的部分，需要教师反复示范、反复练习才能掌握，所以在微课制作中，教师可以与企业工程师共同完成，在微课录制中采用真实的生产设备，增强微课的视觉冲击力。实现无缝对接学校教学过程、企业生产过程，以此提升人才培养的针对性。

3. 慕课的应用

近年来，慕课逐渐应用于教学中，其是一种开放性课程，是为了使知识传播得以增强，而由具有协作精神的个人、组织在互联网上发布教育课程。慕课可以弥补传统的教学模式受时间与空间限制的不足，在当前"互联网+"背景下，大数据能提供丰富的信息，慕课教学模式能将以往枯燥的课程变得生动形象，能取得良好的教学效果。

4. 掌课的应用

对于掌课来说，是采用"互联网+"、云资源进行辩解课程服务体系的建立，有灵活性的特征，能让学生采用零碎的时间展开学习，使学生的学习积极性得到提升。采用掌课的连续性，进行终身学习体系的构建，能无缝连接教育理念与先进技术，学生外出实习走向工作岗位后仍然可以在手机上了解知识点，使学生在外出实习的时候更好地解决专业问题。

5. 专业项目课程建设的强化

高等职业院校要打破传统的学科知识体系，在人才培养中注重培养学生的职业能力，教学上更多地关注学生岗位职业应具备的工作能力的培养，让学生在实际中积累更多的工作经验，以此更好地胜任本职工作。

五、"互联网+"背景下高职教育的未来展望

（一）坚持教师信息化培训

信息化只是方法，教师才是高职院校信息化发展的主体，只有提高了教师的认知、信息技术、教学能力，才能提高高职院校的整体水平。在"互联网+"背景下，人们对高校教师提出了更高的要求，教师除了要讲授本专业领域的知识，还要掌握信息化手段。因此，教师应保持先进的思想，且高校要为教师提供信息化的培训，使教师在教学场景中积极应用信息技术，给学生带来更好的学习体验。

（二）优质的教学资源共享

课程资源就是所谓的优质教学资源。随着新技术的迅速发展，"共享"在"互联网+"的环境中发挥着重要作用，鼓励教师在公共网络中上传优秀的教学资源，以此使教育成果共享、吸收与优化的良性循环得以形成。

在讲解具体知识点中，"微课"作品能采用不同的信息技术，通过精短的视频形式展现出碎片化的学习内容，有效地整合学习过程与扩展素材，由此使教学资源更加完整。与"慕课"相比，"微课"的课程片段不是完整的教学课程，现在很多信息化比赛进行"微课"竞赛，未来社会将朝着"共享"的方向发展，在统一的共享平台下放置这些优质课程，能够让学生更好地自主学习，有助于为高等职业院校培养技能型人才奠定良好基础。

在"互联网+"背景下，当前高等职业教育存在一些问题，其势必直接影响高等职业教学的发展。因此，创新"互联网+"背景下高等职业教育模式具有重要意义，其能使学生在实践中学到更多知识，且可提高学生的专

业水平，使学生将所学知识更好地应用于今后的工作中，以此为社会输送更多优秀的人才。

第五节　智能化创造与高等职业教育模式创新

　　智能化发展是中国制造未来的主要方向。智能化制造不仅可以推动制造业向开放创新、服务制造和机器制造的方向发展，而且可以推动企业技术人才由低端操作类向高端技能类转移，促进企业岗位分布由金字塔分布向橄榄形分布迁移。在对我国现有职业技能人才和职业教育进行综合分析的基础上，笔者提出了智能化制造背景下校企贯通的创新模式和课程体系的创新模式，并创新性地提出了以工作过程为导向和以岗位层级为标准的两个课题体系设计方法。

　　制造业是国民经济的支柱产业，是立国之本、强国之基。提高中国制造业的发展水平对促进中国经济的发展、提升国际综合实力有着重要意义。我国制造业快速发展，取得举世瞩目的成绩，同时积累了产能过剩、信息化程度低、资源利用率低与自主创新能力弱等问题，2017年全国金融工作会议确立由"金融去杠杆"转向"经济去杠杆"，处理"僵尸企业"。面对全球新工业革命的挑战，2015年5月，我国发布了"中国制造2025"的行动计划，对于职业教育发展影响深远。一方面，智能化制造离不开职业教育培养更多高级专业技术人才，离不开职业教育的人才支持，职业教育在我国制造业强国进程中大有可为；另一方面，我国现存的高级技能人才在数量和质量上与智能化制造不相匹配，当下的职业教育体系不能满足培养新型高级人才的需求。对此，本文从智能化制造对制造业的影响入手，深入分析我国高级技能人才的现状和职业教育存在的问题，以期探索面向智能化制造的高等职业教育创新模式。

一、面向智能化制造的企业转型特征分析

当前，新一轮科技革命与产业变革风起云涌，以信息技术与制造业加速融合为主要特征的智能化制造成为全球制造业发展的主要趋势。智能制造是基于新一代信息技术，贯穿设计、生产、管理、服务等制造活动各环节，是具有信息深度自感知、智慧优化自决策、精准控制自执行等功能的先进制造过程、系统与模式的总称。智能制造将深刻改变中国制造业的格局，使企业在经济新常态和"三期叠加"新形势下，降低人工成本、提高产品质量、实现规模化定制、打通产业价值网络的现实需要，主要体现在以下三个方面：

（一）智能化制造推动产品创新向开放创新转型

智能化制造下的产品创新将更加突出数字化、智能化、社会化和网络化，创新速度明显加快，具有多学科交叉、多种技术运用和多主体合作的典型特征。社会生产由批量定制向个性定制转型，消费者成为产品创新的组成部分，产业价值链实现横向整合，囊括物流、仓储、生产、市场营销及销售，形成一个透明的价值链——从采购到生产再到销售，或从供应商到企业再到客户。

（二）智能化制造推动生产型制造向服务型制造转型

众多企业将由产品生产者转变为产品与服务高度融合的服务提供者。传统制造业以产品生产为核心的商业模式向以消费者为核心的"生产+服务"模式转变。以整体家装行业为例，尚品宅配建立起了从入户测量、专业设计到工厂加工到送货安装、售后维保等全产业链的服务体系。与此同

时，智能化服务以各种形式融入制造业研发设计、生产制造、经营管理、销售运维等环节，价值创造与服务形态相伴而生，主要包括基于产品研发设计的增值服务，基于产品效能提升的增值服务，基于产品交易便捷化的增值服务，基于产品集成整合的增值服务，从基于产品的服务到基于需求的服务等。

(三) 智能化制造推动人工制造向机器制造转型

智能制造意味着企业由产品销售和管理信息的网络化转向全面的数字化转型，智能制造要求系统具有高度认知能力和高度自控能力，各类技术的应用呈指数级增长，人工智能、机器人技术、传感技术将进一步提高系统的自动化能力，并加速大规模定制化。

二、面向智能化制造的人才需求现状分析

智能化制造将推动企业实施"机器换人"，大量的操作性岗位被智能机器所替代，企业的岗位设置分布由金字塔分布向橄榄形分布迁移（见图8—1），操作类岗位逐渐减少，管理和专业类岗位不断增加。《中国制造2025》

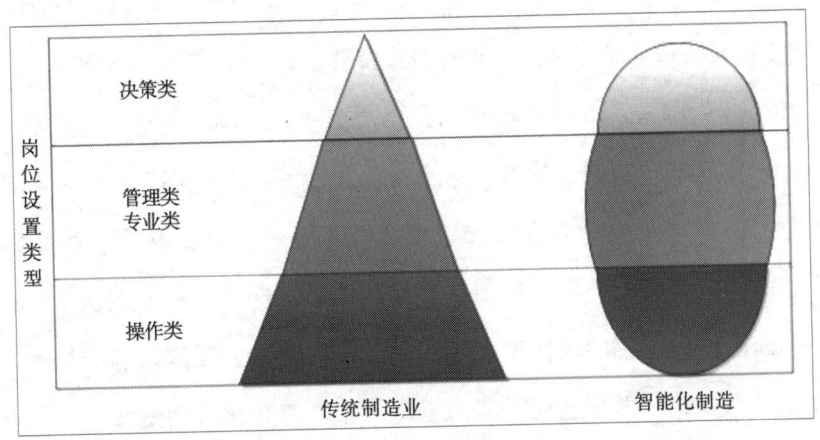

图8—1　企业岗位体系分布图

明确提出,"加大专业技术人才、经营管理人才和技能人才的培养力度,完善从研发、转化、生产到管理的人才培养体系",未来职业教育的重点是培养高层次、紧缺专业技术人才和创新型人才。我国当前的各类人才在数量和质量上与面向智能化制造的人才需求不相适应。

(一)紧缺适应智能制造的高端技术人才

一方面,紧缺具有创新能力的科研人才,即掌握核心技术的高端专业技术人才。长期以来,我国用廉价劳动力制造的低水平工业品换取西方先进的高科技工业品,最关键的原因是缺乏掌握核心技术的科技研发人员,社会整体自主创新层级较低、能力不足,科技应用水平较低。另一方面,紧缺信息化的智能型人才,即信息技术与制造业深度融合的复合型人才。信息技术的创新正处于融合创新的新阶段,技术涉及范围广、应用程度深,课堂教学培养模式很难深入应用底层。新一代信息技术与制造业深度融合是制造业未来的主线和主攻方向。互联网在制造领域逐步深化运用,制造过程不断智能化,云计算、大数据成为基础设施,被企业广泛运用,未来的智能制造需要大量的掌握信息技术及其行业应用技能的高水平专业技能的复合型人才。

(二)紧缺适应智能制造的作业过程操作人才

2012年中国人口红利出现拐点,整个劳动力市场的劳动力增长率开始下降,人力成本开始逐步攀升,东南沿海出现了严重的用工荒,外加政府的政策支持推动东南沿海企业加快了"机器换人"的步伐。经调研发现,一股脑的"机器换人"大都停留在替代简单手工操作的较低层次上,这种情况下面向作业过程的操作型人才尚缺。面向未来,我国以高校培养为主的人才培养方式,毕业生动手能力普遍不强,智能化应用的知识储备与社会实践要求之间存在差异，将高校毕业生培养成基础应用工程师，再到行业解决方案工程师，一般来说需要超过 3 年时间，人才缺口很大。

（三）紧缺适应智能制造的复合型管理人才

智能化制造促使企业的生产链横向整合和价值网纵向整合，企业的创新由内部创新转型为开放合作创新，企业的岗位布局由金字塔分布向着橄榄形分布迁移，操作类岗位需求建设，更高层级的管理类和专业类岗位增加，企业需要能够有效整合协调内外部两个资源，专业精深且知识面较广、具有很强的适应性，能够迅速地更新知识以适应新生的行业或职业的要求，在具体工作岗位上需要深入了解产品细节、熟悉市场动态、善于把控流程的复合型人才。

三、面向智能化制造的高等职业教育模式创新

（一）面向智能化制造的高等职业教育改革创新

智能化制造给高等职业教育提出了全新的挑战和千载难逢的发展机遇，需要从内到外推行全面的深化改革，才能培养出适应未来需求的高素质人才。

一是高职院校需要细化面向智能制造的人才培养目标。切实强化素质培养和技能培养双并重。面向智能化制造，高职教育应把握住智能制造的发展方向，满足"中国制造 2025"对大量技艺精湛的技能人才的需求，契合企业未来发展需要，满足学生未来成长需要。

二是高职院校需要强化"复合型"人才培养。企业需要高级专业技术人才的同时，需要更多具有"一专多精"的复合型人才。因此，高等职业教育在培养方式上既要体现普适性又要发扬个性化。

三是高职院校需要更加开放的心态引进外部力量。在师资方面，建立开放的校外师资引进计划，发挥内外两支队伍的互补优势，校内师资重点在夯实基础类课程，校外师资则发挥专业特长专攻岗位实践。在学校内外部考核评价方面，建立综合评价指标体系，围绕着高等职业教育的定位引入常态化的外部评价机制，借助外脑提升管理水平，强化以培训结果为导向的培训过程控制。

（二）面向智能化制造的高等职业教育课程体系创新

课程体系设计与组织实施是职业教育的关键环节，决定了教育成果。面向智能制造的高职教育需要充分认识高级技能人才的培养规律和成长规律，打破以知识教育为核心的传统课程体系，强化职业性、弱化学科性，探索建立适应经济社会发展、符合企业生产需要的现代职业教育课程体系。智能化制造需要职业教育从知识教育向能力培养转变、从课堂教学向生产教学转变、从书本教学向实践教学转变。无论是学术教育还是技能教育，主要课程大致可分为公共基础类、专业基础类、专业核心类、岗位实践类。公共基础类是围绕培养文化修养、职业素养，适用范围为所有专业；专业基础类是专业大类所必需的、基础性的关键课程；专业核心类则是完成特定岗位工作所必需的技能操作类课程；岗位实践类则突出专业知识与技能的综合运用，突出与就业岗位的有效衔接。经过对高等职业院校的走访调研和对用工企业的人力资源访谈，本文提出了面向智能化制造的高等职业院校课程设置方法，即以智能化的工作过程为导向的课程体系设计、以岗位梯次为标准的课程体系设计。

1. 以智能化的工作过程为导向的课题体系设计

该操作方法是以围绕着智能化制造相关岗位的工作能力要求进行课题体系设计的方法，具有很强的操作性和行业针对性，同时兼具基础能力和职业发展能力。具体分为三个操作步骤：第一步，分析智能制造行业的典型职业活动，就是根据专业对应的工作岗位及岗位群进行典型职业活动分析，从大量的职业活动中抽象出典型职业活动；第二步，综合职业能力分析，按照由易到难、由简单到复杂、由低层级到高层级对典型职业活动顺序进行梳理，提取典型职业活动应具有的职业能力；第三步，搭建课程体系，即根据各层级典型职业活动的能力要求，按照职业成长规律及学习认知规律，对综合职业能力进行排序、重构后转换为课程体系。

以智能化生产紧缺的机器人协调员为例。随着智能甚至人形机器人进入工厂，机器人协调员的需求越来越大，具体的工作职责是监督和处理车间的机器人故障，日常工作是对机器人进行常规的维护，若有紧急情况则需配合其他专家一起解决问题，在机器人维修期间，需要代替机器人进行工作以保持工厂的正常运营，减少生产停机时间。第一步，识别典型职业活动。机器人协调员的典型职业活动包括机器人维护、机器人故障识别、替代机器人进行手工生产。机器人维护所需要的技能是熟悉机器人的维护要点（包括维护周期、维护关键点、易损件和耗材更换），能够准确进行手工操作。替代机器人生产，则要求掌握机器人在工厂生产流程中的流程、加工产品的合格标准、手工操作步骤，等等。第二步，综合职业能力分析。最基本的要求是掌握电器电路原理、机械设备维护操作、企业生产流程；专业层面上要求熟悉特定类型机器人的关键维修知识、机器人的工作原理；更高层级上通过实践，提出对机器人的优化建议，等等。第三步，规划课程，即公共基础类课程包括电器电路维修、机械设备维护原理等；专业基础课程包括电子电路及自动化原理等课程；专业核心课程则是机器人设计原理、机器人的组成构成等；岗位实践类则包括机器人的拆卸组装、机器人的设备改造、机器人生产线装配，等等。

2. 以岗位梯次为标准的课程体系设计

该操作方法是以对岗位梯次的能力要求差异分析为标准进行的课程体系设计。具体的操作主要分为三个步骤：第一步，理顺岗位层级，就是从行业岗位晋升的角度理顺各层级最需要的基础能力；第二步，归纳分析该专业所需要的基础能力和专业能力；第三步，课程体系设计，是按照基础能力和专业能力分类从宏观上进行专业课程体系设计。

以智能制造所急需的机器人装配岗位为例，该岗位具有很强的前瞻性，对职业技能人员的要求明显提高。操作类岗位要求是智能机器人的调试、安装、售后支持等；管理和专业类分为两个方向，管理方向是机器人的销售、应用流程优化方向，专业类方向是机器人的应用设计、应用编程、工艺改进，等等；决策类则是把控机器人应用的未来方向、主导技术升级、对技术趋势和行业趋势有比较深入的研究。因此，在课程设计上，公共基础课程包括设备安装技术、自动控制原理，等等；专业核心课程则是机器人编程、工作流管理、业务流程优化、深度行业业务等课程；岗位实践类课程则是机器人的装配实践、机器人设计与编程等。

（三）面向智能化制造的校企贯通合作模式创新

德国制造的成功在于职业教育的成功，最关键的成功要素是建立了职业学校和具有职业教育资质的企业两套教学培训系统。面向智能化制造的职业教育要实现转型，关键的一点是在强化校企贯通式创新取得突破，真正实现资源共享、优势互补、共同发展。本文提出了以下两个模式创新：一是人才输送合作模式创新。当前，最普遍合作模式是人才输送型合作模式，该模式创新从职业院校端进行改造升级，具有可操作性。面对智能化制造转型，高职院校的发展定位首先要紧盯地方特色优势产业，结合地方政府的产业发展与引进计划，突出订单式培养和定向培养，有针对性地培养特色人才。以杭州市为例，围绕着电子商务的创业创新如火如荼，高职院校建立了电商专业，有效利用内外部两个资源，招生、培养、就业各个环节有效衔接，通过与电商产业园区合作实现了有针对性的人才输送。以苏州为例，近几年发展成为电子信息产业的重要基地，职业教育顺势而为围绕着智能制造方面进行人才培养，为美的等大型企业输送了大量专业人才。二是校企共建合作模式创新。调动企业参与职业教育的积极性是该模式创新的关键，将校企松散合作转变为紧密合作。具体的共建模式创新包括共建实训实验室、校企产融结合、校企股权合作等。面向智能化制造的合作模式创新最主要的模式是校企产融结合，智能化制造引起的岗位向上迁移要求职业院校必须主动向优质核心企业靠拢，依托核心企业的技术、人才优势，将职业院校办出行业特色。在课程设置方面，通过对接企业岗位需求，打造学用结合的目标。在师资方面，职业院校更应该坚持引进来，充分利用外部专业师资，提高技能培养的针对性。

第六节 "双高计划"推进职业教育发展模式创新

构建高质量的教育体系、增强职业教育适应性是"十四五"时期对我国职业教育的新要求，而发展模式创新是职业教育适应新发展格局、实现高质量发展的关键。要坚持特色发展、创新发展、内涵发展、转型发展、高质量发展。对"双高计划"建设学校，要针对职业教育发展中的难点、堵点、痛点问题，聚焦创新办学体制机制、创新育人模式、创新产教融合体制机制、创新教师发展模式、创新技术服务模式、创新专业建设模式，打破原有体制机制藩篱，彰显类型特征，构建跨界融合的生态系统，整体推进学校跨越式发展，实现职业教育"增值"，为接受职业教育的学生

"赋能"。

近年来，特别是《国家职业教育改革实施方案》（以下简称"职教20条"）发布以来，职业教育作为教育综合改革的突破口，面貌发生了格局性的变化。一批"双高"建设学校，新生录取分数超过普通本科线，职业教育的吸引力和社会地位显著提升。同时，以部省共建创新发展高地为契机，整体推进职业教育改革发展，形成了一批面向全国复制推广的模式和经验。但是，如何创新发展模式，依然是新形势下职业教育发展面临的重大课题。教育部和财政部已公布了197家"双高计划"建设单位名单，实现"引领改革、支撑发展、中国特色、世界水平"的愿景，关键在于建设，必须跳出示范校时常规建设思路的限制，以人才供给侧结构性改革为主线，以创新职业教育发展模式为关键，引领带动职业教育整体高质量发展、形成职业教育类型体系。

一、发展模式创新是新时代职业教育高质量发展的必然诉求

高质量发展是新时代高职教育增强适应性的基础，纵观职业教育的发展历程，发展模式创新是新时代职业教育高质量发展的必然诉求。

（一）适应产业转型升级需求，需要创新发展模式

作为与普通教育同等重要的一种类型教育，职业教育肩负着面向人人和培养高技能人才的重任，关乎国家的经济发展与社会和谐，其核心特征受新时代经济社会发展和职业教育内在使命变化的深刻影响。随着智能机器人、虚拟现实、量子信息、清洁能源、生物技术等技术革命的迅猛发展，德国推出了"工业4.0"，美国推出了"工业互联网"，我国先后出台了《中国制造2025》和《国家创新驱动发展战略纲要》，产业转型升级将推动产业

从生产制造型向生产服务型转变;从模仿跟随向自主创新转变;从产业聚集向产业集群转变。"职教20条"指出,要把职业教育摆在教育改革创新和经济社会发展中更加突出的位置。可见,新时代职业教育的新使命、新要求就是要构建起与产业转型升级相适应、与经济结构调整相融合的现代职业教育体系,打破学校原有的发展定式,根据自身特点和人才培养需要,不断创新发展模式,培养各行各业需要的技术技能人才。

(二)构建现代职业教育体系,需要创新发展模式

"职教20条"确定了"职业教育与普通教育是两种不同教育类型,具有同等重要地位"的"双轨制"框架定位。这就要求职业教育形成同现代化经济体系相适应的中国特色职业教育基本制度和发展模式,构建"纵向贯通、横向融通"的现代职业教育体系,实现职业教育"增值",给接受职业教育的学生"赋能"。当前我国职业教育改革进入攻坚克难阶段,实现职业教育现代化,构建现代职业教育体系刻不容缓。职业教育要深入分析发展过程中存在的难点、痛点、堵点等深层次的问题,通过创新发展模式,用改革创新的方法,推动职业教育高质量发展。

(三)培养多样化技术技能人才,需要创新发展模式

职业教育为满足培养多样化技术技能人才、能工巧匠、大国工匠的需求,不仅需要各个学制层面的职业教育,而且需要把各个层面的职业教育衔接起来的纽带,即职教高考制度。"职教20条"提出,建立"职教高考"制度,完善"文化素质+职业技能"的考试招生办法。依托职教高考制度,在国家层面制定职业教育考试招生实施方案,为学生接受高等职业教育提供多种入学方式,使中等职业教育与职业专科教育、职业本科教育在教学内容上衔接起来,使任何职校生都可以通过统一考试进入任何职业学校的

任何专业。"职教高考"制度、高职百万扩招等使职业教育生源结构多元化、学习需求多元化、发展方向多样化,急需在深入研究职业教育规律和技术技能人才成长成才规律的基础上,打破原有人才培养定式,不断创新发展模式,为学生根据兴趣和禀赋多样化选择、多路径成才搭建成长渠道。

二、新时代职业教育发展模式创新的基本遵循

我国职业教育与发达国家职业教育相比,有共性,更具有自身的特性。因此,职业教育创新发展模式必须基于我国的国情,同时,以促进就业和适应产业发展需求为导向,彰显职业教育类型特征,实现"三个转变"。

(一)建设职业教育多元化办学格局,坚持转型发展

转型是"职教20条"的关键词,建设多元化的办学格局是深化新时代职业教育办学体制改革的重要举措。我国职业教育的办学主体和我国社会经济体制有密切关系,受计划经济影响,职业教育长期以来实行政府办学或国有企业办学。随着国家所有制和多种所有制经济共同发展,逐步出现在政府宏观调控下,面向市场,自主办学,政府的职能由注重"办"职业教育转向"管理与服务"。学校要坚持在办学主体上多元化,行业企业、社会团体、科研机构等都可以办职业教育;在办学形式上多元化,发展股份制、混合所有制,实行公办和社会力量举办的职业院校相互委托管理和购买服务;在投资机制上多元化,坚持政府投资、企业投资、社会捐赠、民间资本投资等相结合,拓宽资金筹措渠道,实现"由政府举办为主向政府统筹管理、社会多元办学的格局转变"。

（二）坚持职业教育提质增效方向，坚持高质量发展

质量是职业教育的生命线，没有高质量的职业教育，就没有职业教育的现代化。职业教育要坚持提质增效方向，把提高质量始终贯穿到学校人才培养、科学研究、社会服务、文化传承创新全过程，满足经济社会对优质职业教育的需求；要支撑国家战略，引领行业发展，提升服务产业转型升级能力；要深化产教融合、校企合作，系统推进体制机制创新，提高治理效能；要落实"三教"改革，为促进经济社会发展和提高国家竞争力提供优质技术技能人才支撑，实现"由追求规模扩张向提高质量转变"。

（三）彰显职业教育类型属性特征，坚持特色发展

职业教育作为类型教育的定位，既突显了发展职业教育的重大意义，也指明了职业教育的发展方向。职业教育具有跨界、整合、重构三大特征，职业教育从一种类型转化为另一种类型，意味着范式的变化。优化职业教育类型定位，是构建现代职业教育体系的关键，是职业教育高质量发展的必然选择。在"双轨制"框架下，要坚持办学方向类型化，面向市场、服务发展、促进高质量就业；培养定位类型化，培养高素质技术技能人才；办学模式类型化，产教深度融合、校企紧密合作；治理体系类型化，政府主导、多元治理；人才培养过程类型化，发挥企业重要办学主体作用，促进产教融合校企"双元"育人；坚持育人机制类型化，德技并修，工学结合。最终实现将"由参照普通教育办学模式向企业社会参与、专业特色鲜明的类型教育转变"。

三、"双高计划"推进职业教育发展模式创新策略

"双高计划"是落实"职教20条"的重要举措，是职业教育"下好一

盘大棋"的重要支柱。"双高计划"建设要突出"中国特色"和"高水平"的特征,用发展性的理念指导建设全过程,推进职业教育发展模式创新,达到建设中国职教高地的目标,增强职业教育适应性。

(一) 创新办学体制机制,构建"多元竞合"治理体系

加速构建多元主体治理体系,是职业教育转型发展的切入口。随着我国进入新的发展阶段,呈现经济成分多元化、所有制多元化、利益主体多元化特征,"双高计划"提出构建政府行业企业学校协同推进职业教育发展新机制,各学校要坚持"发展出题目,改革做文章",突破诱导式改革的限制,从办学体制机制入手实行倒逼式改革,真正激发职业教育的办学活力。从政府层面,着眼于多元治理的规划、制度、保障等方面,完善办学标准,构建多元化办学的制度框架,建立现代职业教育产权制度,促进多元主体举办职业教育的积极性,切实落实统筹管理的职责,探索引入市场机制,发挥市场的引导作用,健全支持和规范社会力量举办职业教育的激励政策,为实现治理体系和治理能力现代化提供基本的政策环境,形成职业教育由政府举办为主向政府统筹管理、社会多元办学的格局。从学校层面,采取多元化办学模式,广泛吸引社会各方面力量积极参与职业教育,走多种形式办学之路,以适应经济结构调整对人才的需求,着眼于推进混合所有制、股份制改革,在学校外部,依托产教融合型企业,建立教学工坊、高水平职业教育实训基地,并实体化运作,实现社会多元投资、校企双元育人、"共赢共生";在学校内部,将建设产业学院上升为全校战略,以产业学院作为转型升级高质量发展的重要抓手,在人才培养、技术创新、社会服务等方面开展深度合作,形成校企命运共同体。

（二）创新育人模式，构建德技并修人才培养体系

五育并举，德育为先。新时代高职教育人才培养模式创新，最根本的是落实立德树人成效，培养能够担当民族复兴大任的时代新人，实现全员育人、全程育人、全方位育人。首先要坚持德技并修，落实好立德树人根本任务。学校发挥好育人主阵地作用，担负起培养中国特色社会主义建设者和接班人的历史使命。"大学之道，在明明德，在亲民，在止于至善。"学校不仅是传授知识的场所，更是塑造和培养学生价值观、人生观、世界观的熔炉，学校要把思想政治工作贯穿于教育教学全过程，用习近平新时代中国特色社会主义思想铸魂育人，使每个学生都担当起中华民族伟大复兴的历史使命，主动担负起国家未来、民族希望的重任，成长为德才兼备、全面发展的人才。其次，坚持知行合一、工学结合，培育和弘扬工匠精神。学校要不断完善校企合作育人机制，制定相关标准，形成"双元"育人新格局，与产教融合型企业建立深度合作关系，实施现代学徒制和企业新型学徒制，校企共同主导人才培养，共同研究制定人才培养方案，及时将新技术、新工艺、新规范纳入教学标准和教学内容，注重技能传承。第三，探索具有中国特色的劳动教育模式，充分发挥劳动教育的独特育人作用。把劳动教育纳入人才培养全过程，与德育、智育、体育、美育相融合，积极创新体制机制，适应科技发展和产业变革，针对劳动新形态，围绕创新创业，处理好劳动教育实施方案和人才培养方案相互支撑的关系，将劳动教育融入实习实训、专业服务、社会实践、勤工助学等全过程，注重教育实效，通过劳模精神、工匠精神教育，把提高技术技能和培养职业精神高度融合。

（三）创新产教融合体制机制，构建职业教育跨界融合新生态

职业教育要构建起跨界融合的新生态，就要坚持合作共赢，深入推进学校与政府各部门和行业企业在资金、技术、知识、设施、设备和管理等

要素的整合。一方面，要整合各方资源，共建共享发展平台，打造政府—地方—社会—行业—企业—学校命运共同体，学校与企业、社会相互开放，创新"融合办学、融合育人、融合就业、融合发展"的发展模式，实现产业发展与职业教育发展同频共振。另一方面，完善产教融合标准，构建产教深度融合、校企紧密合作制度框架，使企业参与职业教育人才培养的权利和利益得到制度的保障，推动产教融合型企业落地落实，采用多种办学模式延展产教融合链条。完善教育教学相关标准，制定国家资历框架，深入研究国外成熟国家资历框架成功经验，加以本土化尝试、调整和完善，健全标准开发与动态更新机制，为技术技能人才持续成长拓宽通道。

（四）创新高水平教师建设模式，打造结构化的"工匠之师"团队

"百年大计，教育为本。教育大计，教师为本。"教师是教育发展的第一资源，高职院校必须重视教师队伍建设。一方面，每个教师要成为先进思想文化的传播者、党执政的坚定支持者。要以学生为中心，勇于挑起"思政担"，成为学生健康成长指导者和引路人，把思想政治工作落到日常、做到每个学生。注重引导学生正确认识时代责任和历史使命，树立远大抱负，全面提高政治素质。把提高职业技术技能和培养职业精神高度融合，做好新时代的"工匠之师"。另一方面，把着力点放在建设结构化的教师团队，解决"双师型"教师不足的问题，在教师的选聘、编制、管理等方面加强改革创新，推动教师来源多元化；聚焦不同的发展方向，优化"双师"队伍结构，形成错位发展、各有所长，实现教学团队优势互补；培养产业大师，从专业建设、社会服务、技术应用与创新等方面进行系统培训，重点关注科技攻关、生产工艺改进、产品开发、技术服务能力的提升，打造产业领军人物。

（五）创新技术服务模式，推进"产学研用创"融合发展

技术创新能力是高职学校的核心竞争力，服务企业特别是中小企业的技术研发和产品升级是高职学校的重点任务。但数据显示，目前我国高职学校技术服务能力普遍较弱，全国近四分之三的高职学校横向技术服务到款额在100万元以下，这在很大程度上影响了产教融合、校企合作的深度。"双高计划"打造技术技能创新服务平台，引导高职学校对接科技发展趋势，推进"产学研用创"融合发展，提高服务发展水平。第一，坚持服务与研究融合发展，高职学校技术技能创新服务平台要与产业发展需求相适配，洞悉行业企业发展态势，针对行业企业创新需求，凝练优势研究方向，建立健全与企业共同提升技术技能积累创新能力机制。第二，坚持技术技能创新与人才培养相结合，"教学出题目、科研做文章、成果进课堂"，教师到生产一线，与企业共同开展技术研发，为行业企业解决发展中的实际问题，推进技术成果转化，提高应用技术研发能力和服务发展水平，同时，教师要把研究成果及时应用到教学内容中去，引领产业发展。

（六）创新专业建设模式，实现供给侧和需求侧全方位融合

专业群建设是高等职业教育与社会对人才需求的桥梁和纽带，是主动适应经济发展和产业升级的关键环节。职业教育跨界性的特征决定了专业群组建和布局受多方面因素影响，系统论中整体与外部环境之间的关系，表征为专业群与产业的吻合度，即供给和需求的关系，系统论中部分与部分之间的关系表征为群内各专业要形成有机整体，在共同的行业背景下，各专业有序搭配、排列和融合，合力完成人才培养目标。高水平专业群建设是"双高计划"的重中之重。从政府层面，要服务国家战略和区域经济发展，建立健全专业布局动态调整机制，分行业制定专业布局规划，建立产业数据发布平台，深入跟踪产业发展、研究各行业职业人才需求，及时

准确发布人才需求报告,引导学校专业设置、招生规模与人才培养目标定位,促进职业教育与产业人才需求更为精准对接与融合。从学校层面,要以专业群建设为龙头,引领学校特色发展。职业教育要推动向深度发展,学校是龙头,产业是基础,要把专业建立在产业链、需求链上。跟随产业发展提高专业建设质量是高职教育增值赋能的必由之路,是产业转型升级对职业教育的重大要求,更是职业教育自身发展的主动诉求。高职学校要下好专业群建设的先手棋,适应产业链和多产业领域跨界融合对人才的需求,突出学校的优势,办出学校的特色,提高"双高建设"学校的办学灵活性。

参 考 文 献

[1] 陈光华. 职业教育探索与研究 [M]. 银川：阳光出版社，2014.

[2] 陈永芳，师慧丽，王路炯. 职业教育教学设计理论与案例分析 [M]. 上海：同济大学出版社，2019.

[3] 陈泽宇. 职业教育新工科课程开发的理论与实务 [M]. 北京：北京理工大学出版社，2019.

[4] 丁惠炯. 新常态视野下现代职业教育治理体系研究 [M]. 北京：经济日报出版社，2018.

[5] 丁水娟. 陶行知职业教育思想及其当代价值 [M]. 杭州：浙江工商大学出版社，2018.

[6] 何谐. 我国高等职业教育学位制度构建研究 [M]. 重庆大学出版社，2021.

[7] 黄春荣. 职业教育扶贫研究与实践 [M]. 北京：北京理工大学出版社，2020.

[8] 李树陈. 现代职业教育理论研究 [M]. 长春：吉林人民出版社，2020.

[9] 罗玮琦. 新时期职业教育与校企合作中法律制度建设研究 [M]. 长春：吉林人民出版社，2019.

[10] 宁莹莹.现代职业教育理论与实践探索[M].长春：吉林人民出版社，2021.

[11] 任宏娥，李春艳，张朋.职业教育人文素质训练教程[M].天津：天津科学技术出版社，2017.

[12] 史伟，杨群，陈志国.新时期职业教育校企合作办学模式探索[M].天津：天津科学技术出版社，2018.

[13] 王辉珠.现代职业教育学概论[M].西安：西北大学出版社，2015.

[14] 王晞.新时代职业教育教师队伍专业化建设与发展[M].北京：北京理工大学出版社，2019.

[15] 王钰，刘慧，张斌.职业教育人文知识教程[M].天津：天津科学技术出版社，2017.

[16] 王资，周霞霞，王庆春.高等职业教育内涵式发展评价研究[M].重庆：重庆大学出版社，2018.

[17] 徐敏.新时代职业教育助推乡村振兴战略的服务体系及策略研究[M].北京：北京理工大学出版社，2020.

[18] 徐晔.中等职业教育功能定位研究[M].北京理工大学出版社，2021.

[19] 闫智勇，吴全全.现代职业教育体系建设目标研究[M].重庆：重庆大学出版社，2017.

[20] 张佳.高等职业教育与区域经济互动问题的实证研究[M].成都：西南交通大学出版社，2018.

[21] 张健.职业教育集团化办学研究[M].苏州：苏州大学出版社，2018.

[22] 周建松.高等职业教育优质学校建设综论[M].杭州：浙江工商大学出版社，2019.

[23] 周建松.现代职业教育体系建设与高职教育创新发展[M].杭州：浙江工商大学出版社，2017.

[24] 周开权. 中国职业教育产学研一体化发展研究 [M]. 苏州：苏州大学出版社，2019.

[25] 周明星. 藩篱与跨越：高等职业教育人才培养模式与政策 [M]. 武汉：华中师范大学出版社，2018.